COME DISEGNARE
TUTTO IN 3D

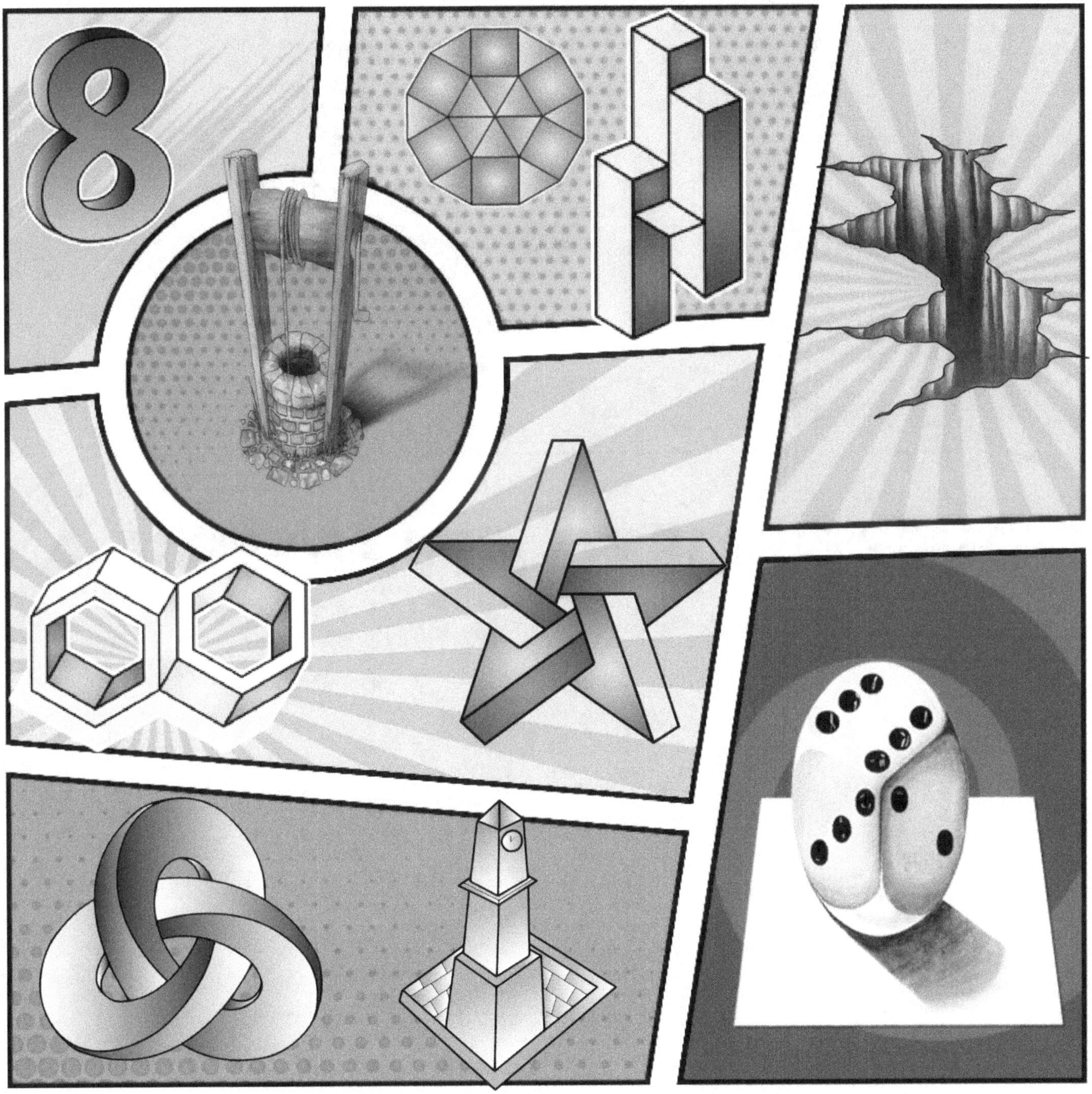

Williams Press

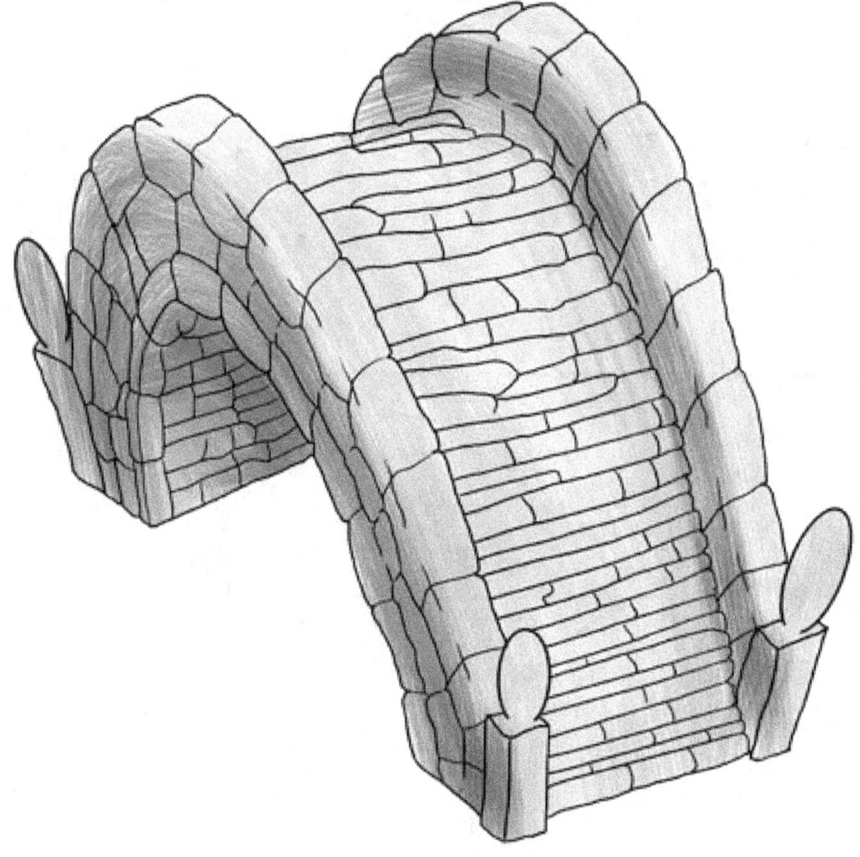

QUESTO LIBRO APPARTIENE A

....

....

TUTTO IN 3D

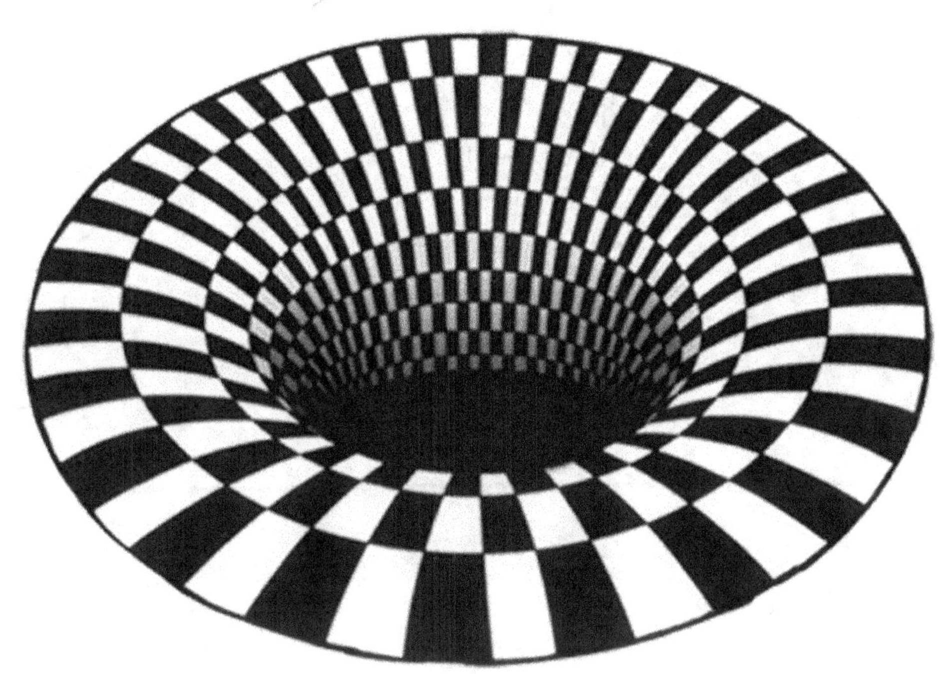

Come utilizzare questo libro, Tutto ciò di cui hai bisogno per iniziare è un pezzo di carta, una matita e una gomma, ma sentiti libero di utilizzare qualsiasi strumento tu voglia, per disegnare i personaggi

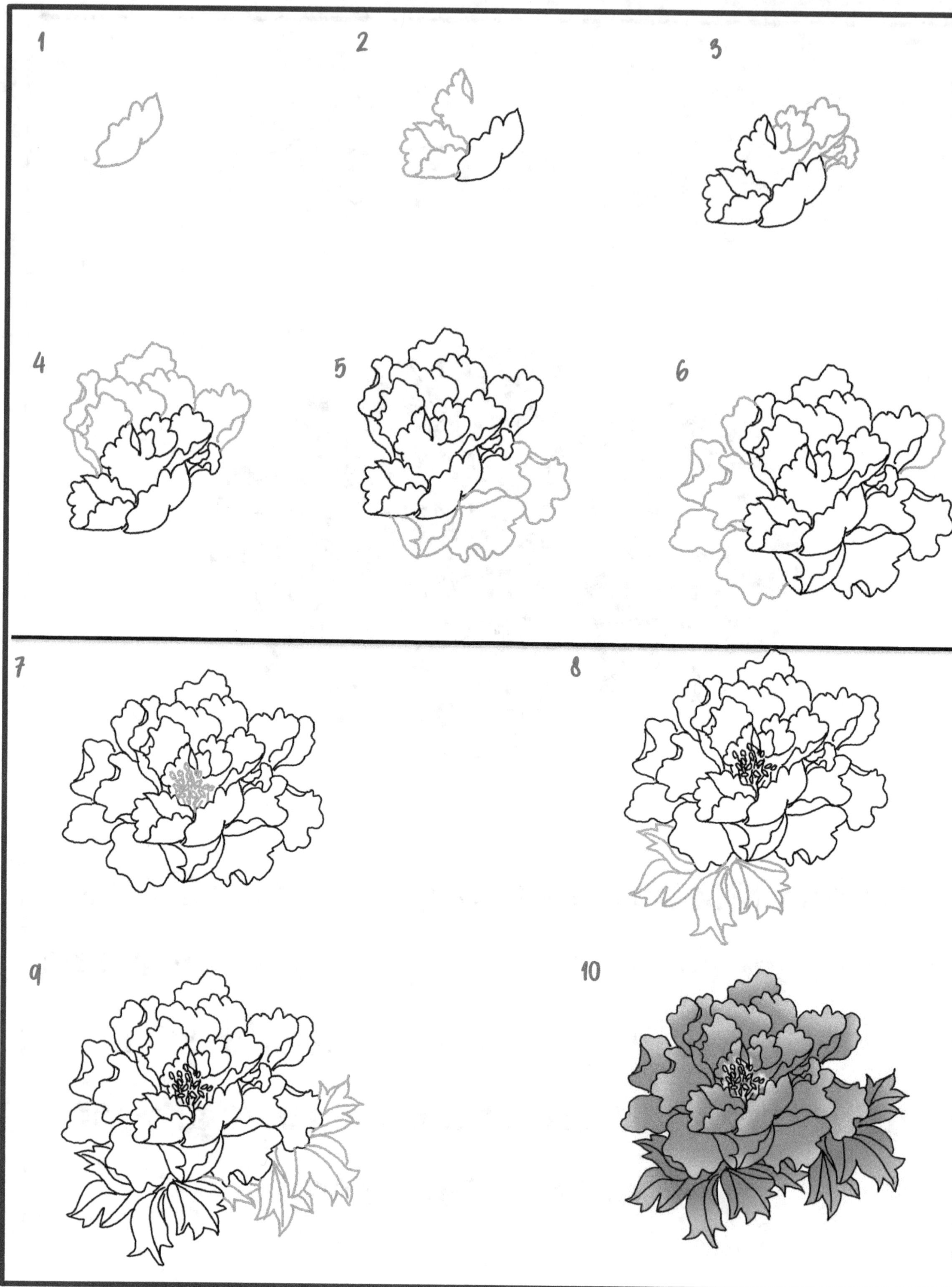

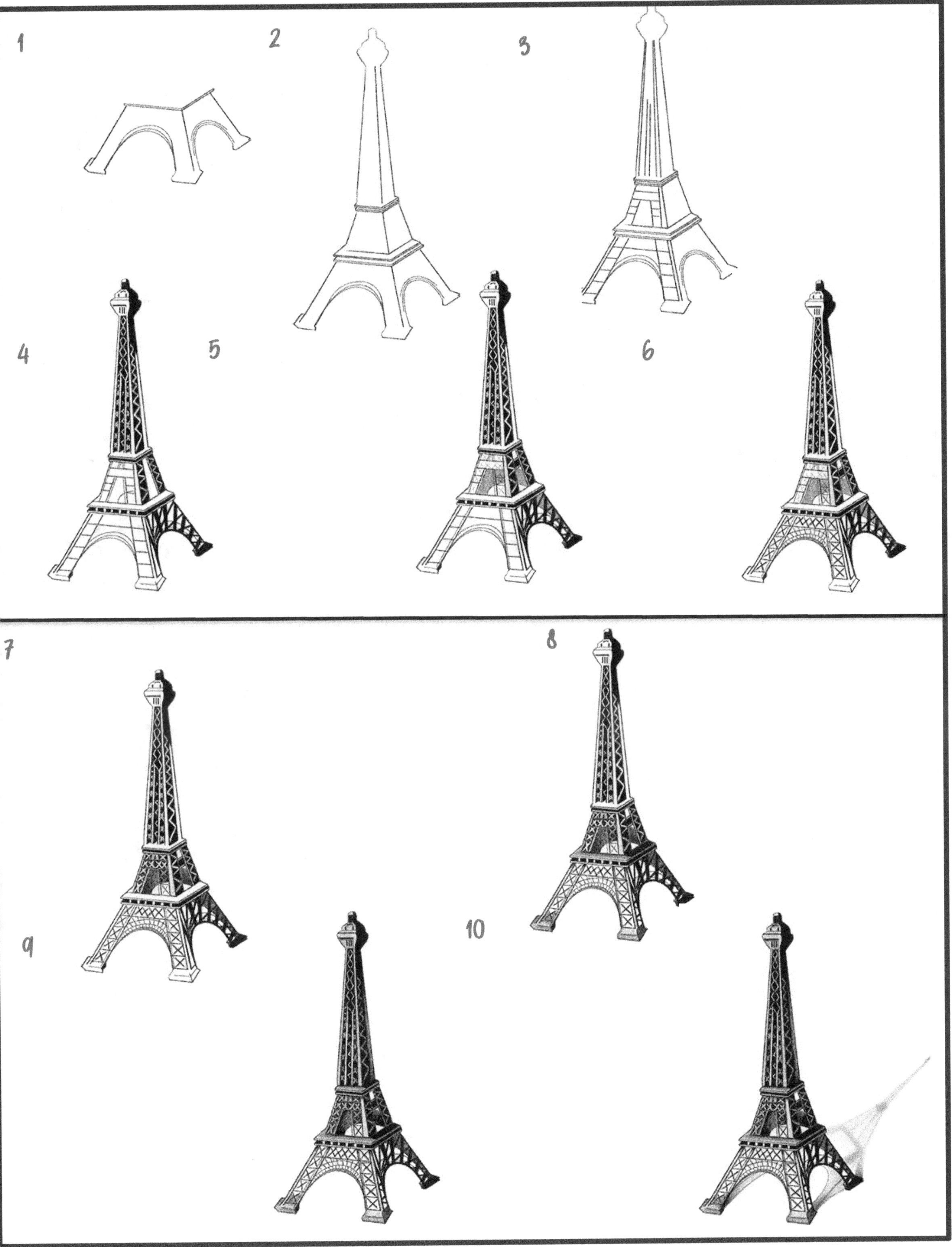

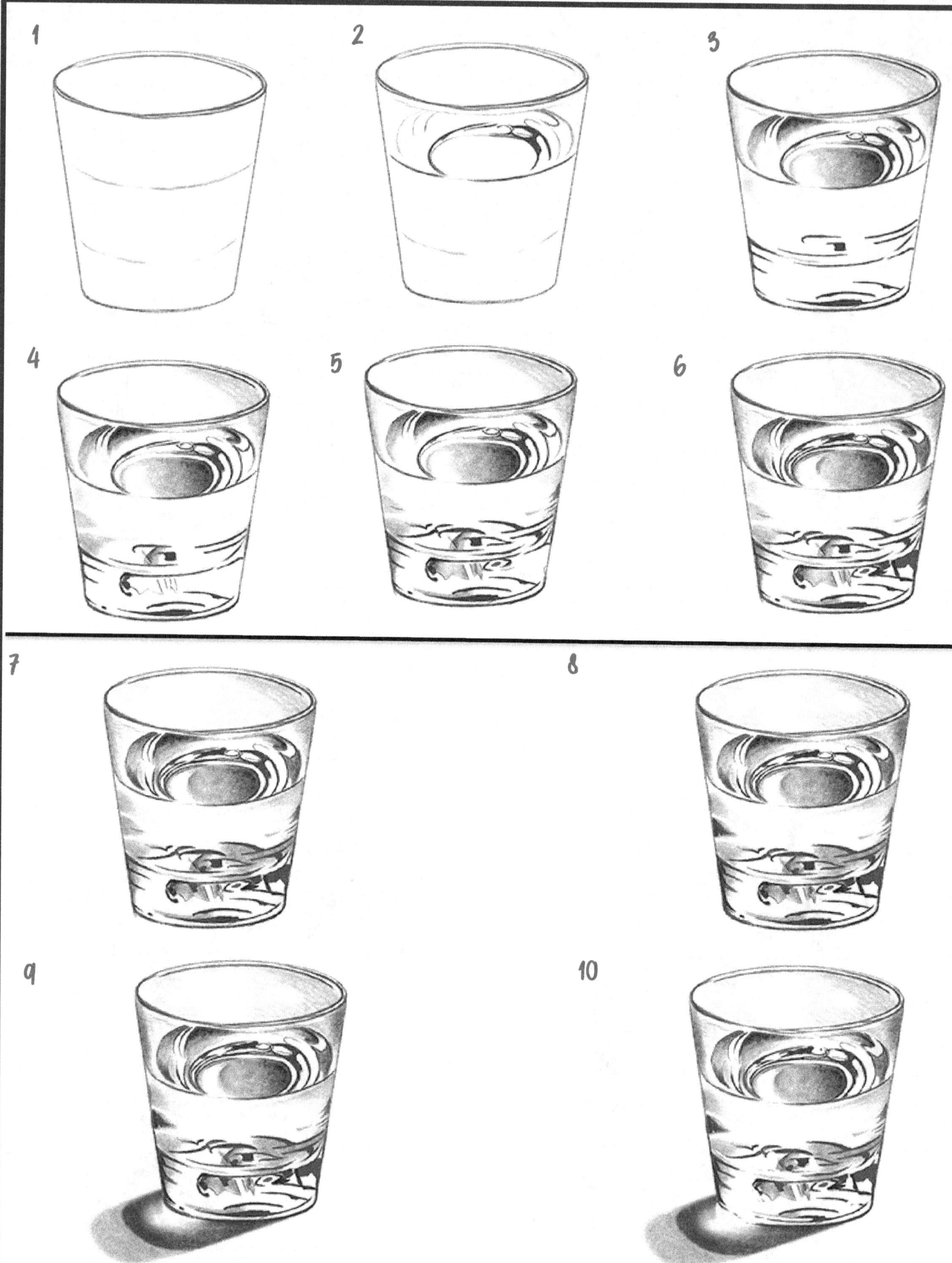

1
2
3
4
5
6
7
8
9
10

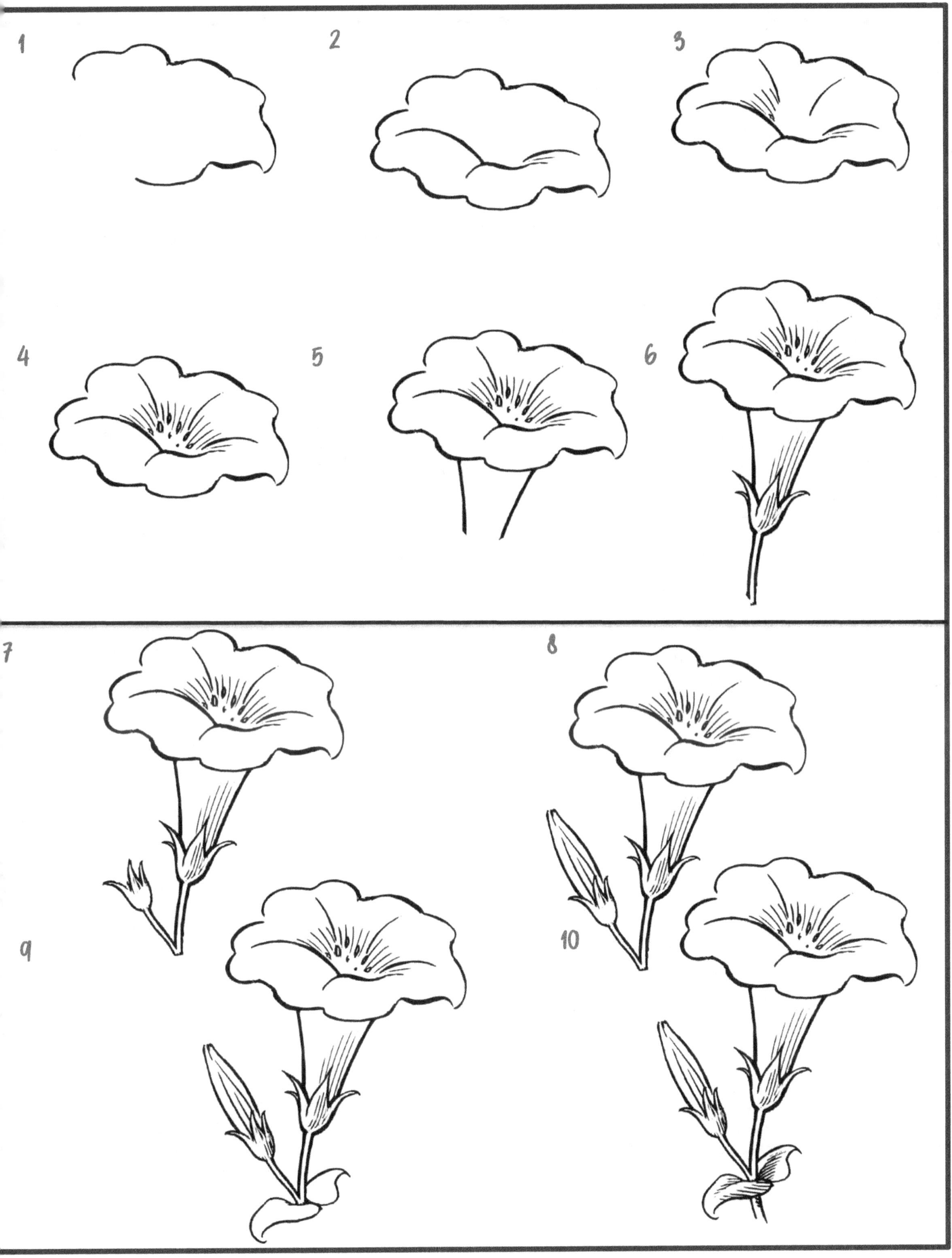

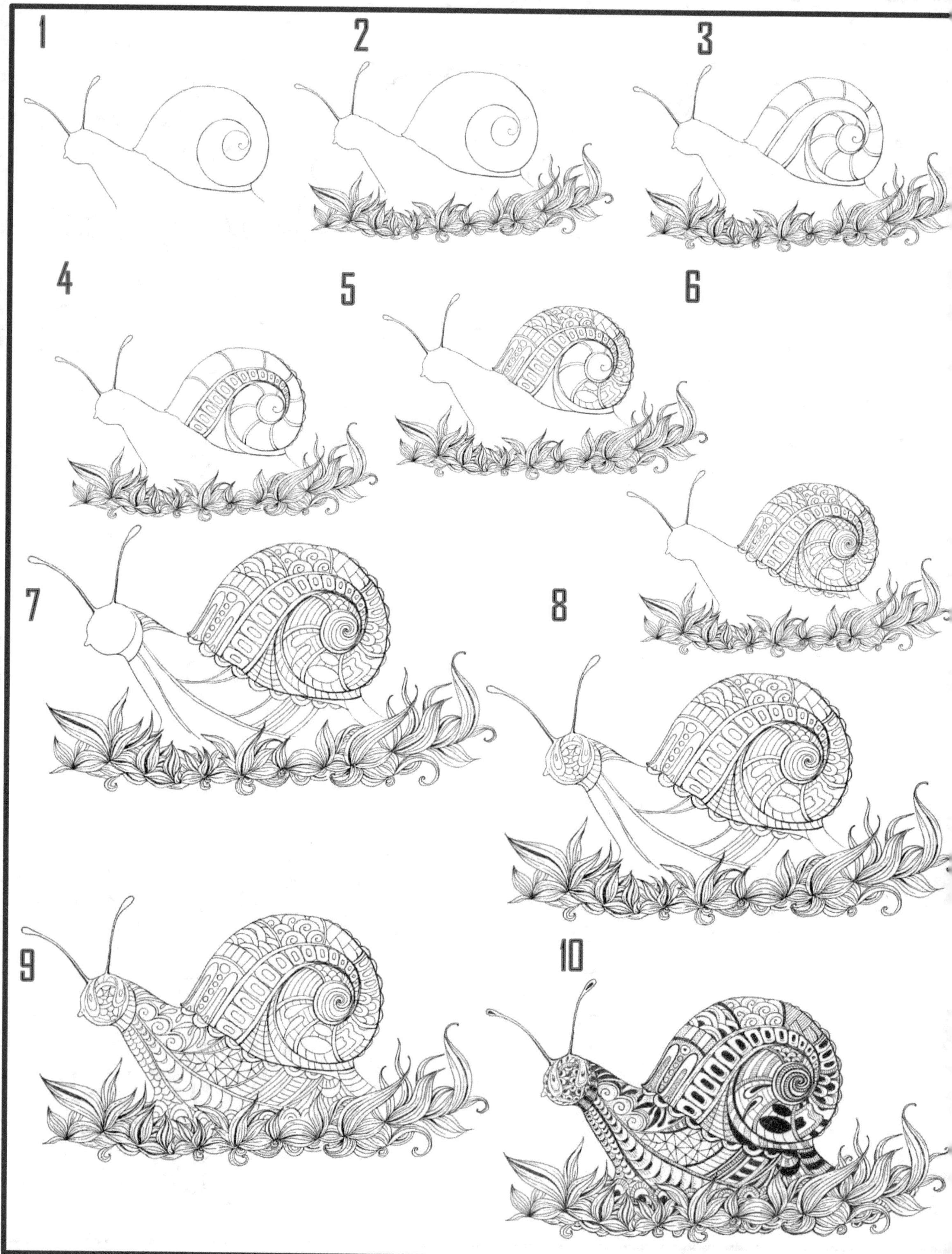

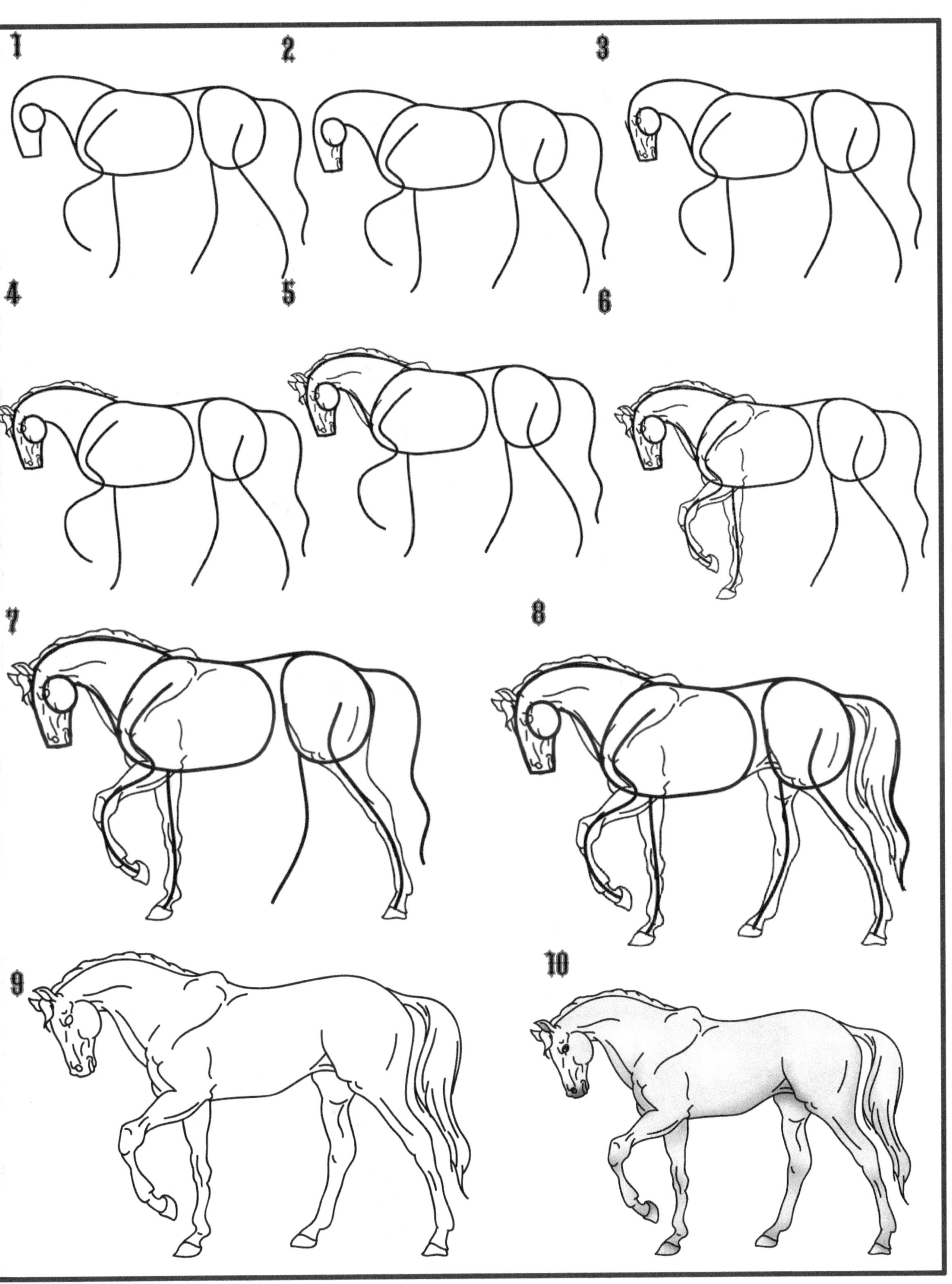

1
2
3
4
5
6
7
8
9
10

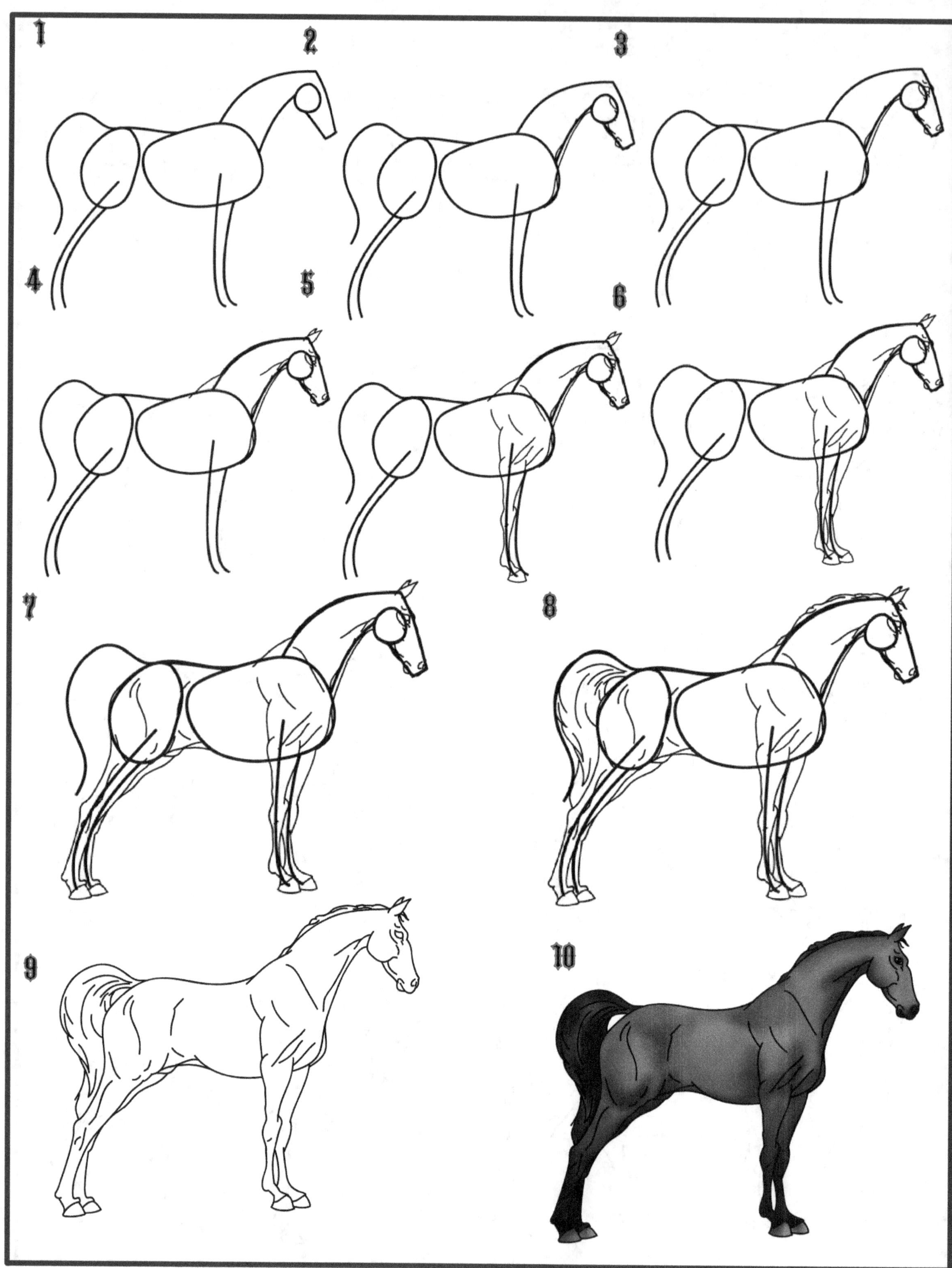

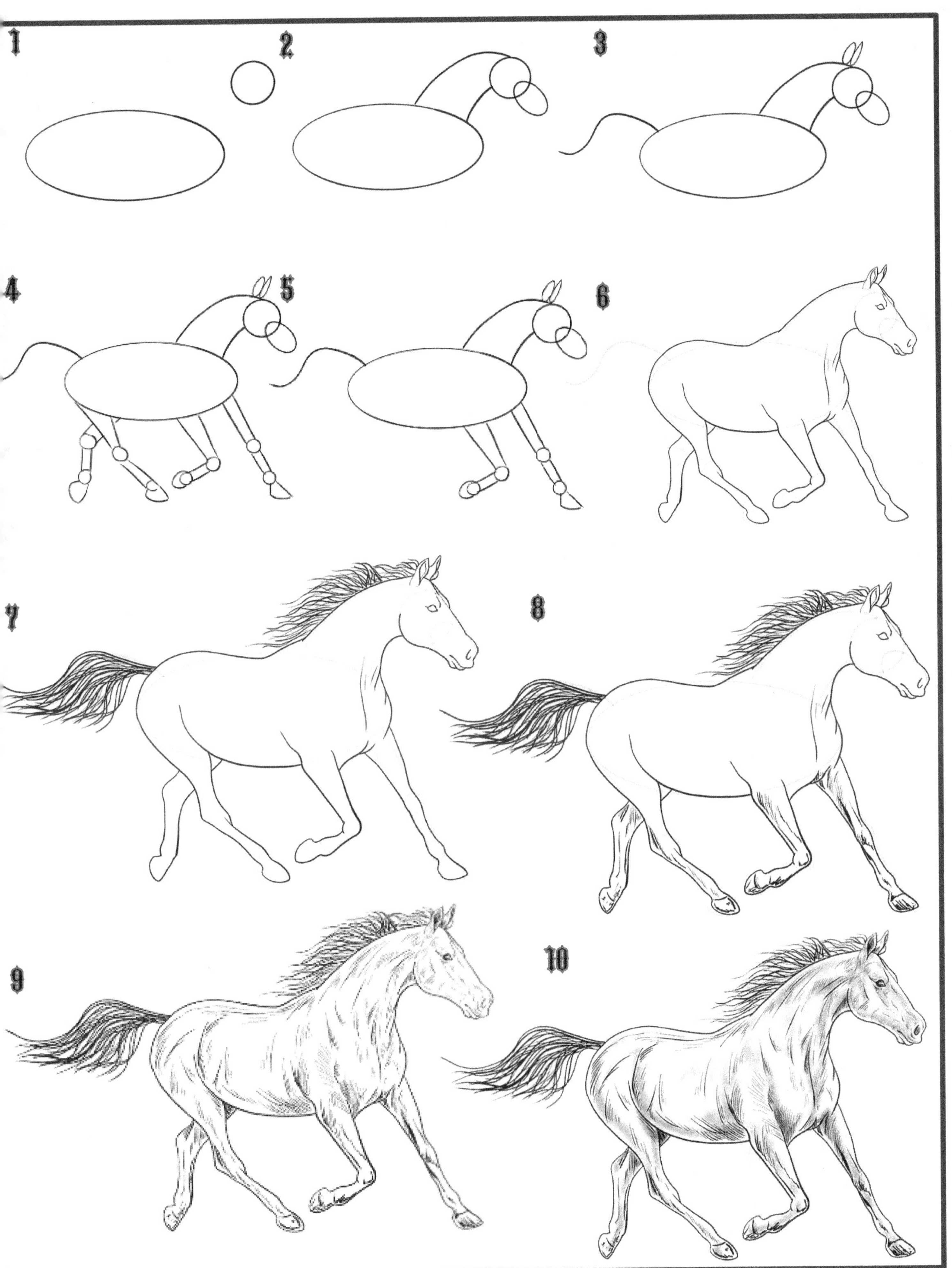

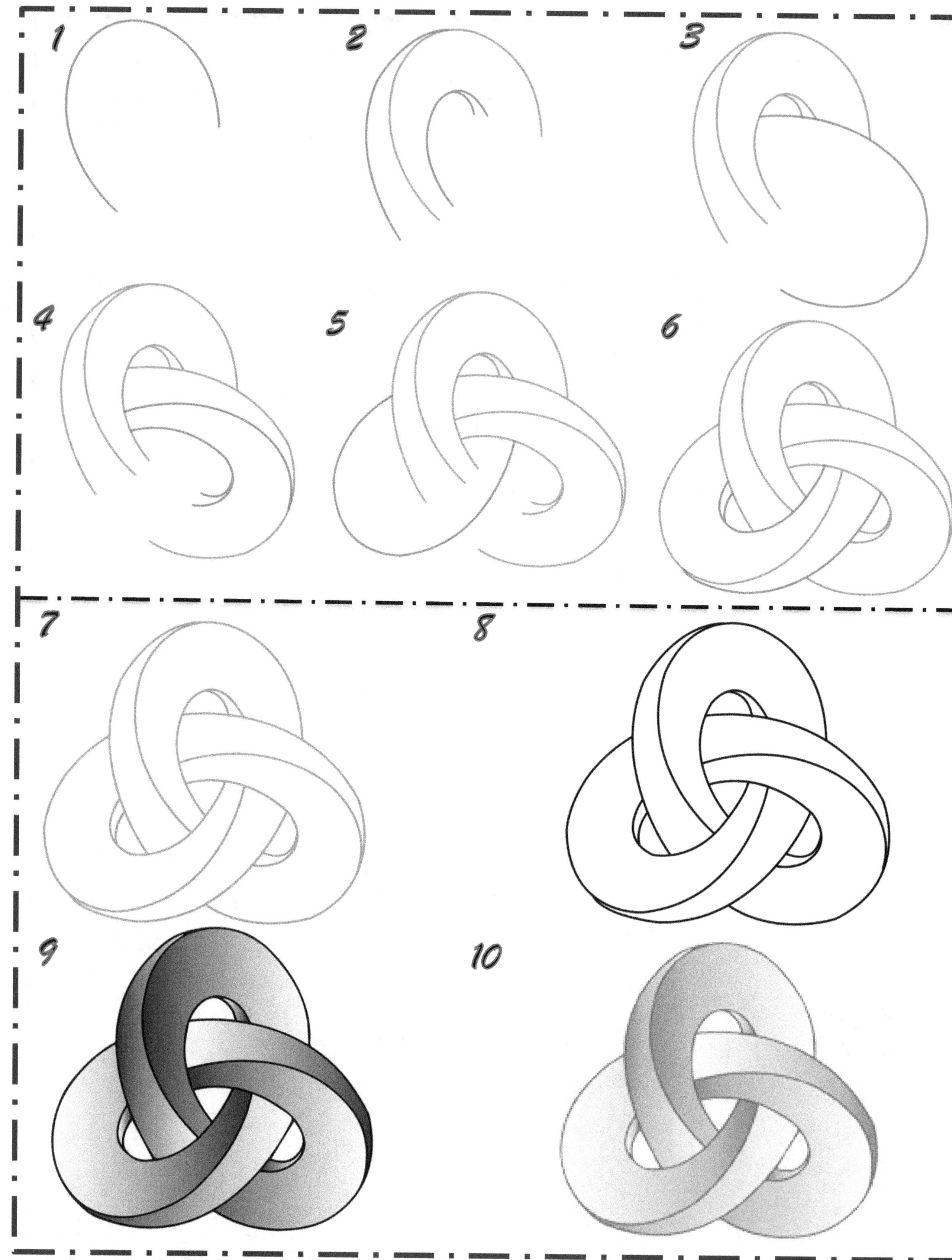

1
2
3
4
5
6
7
8
9
10

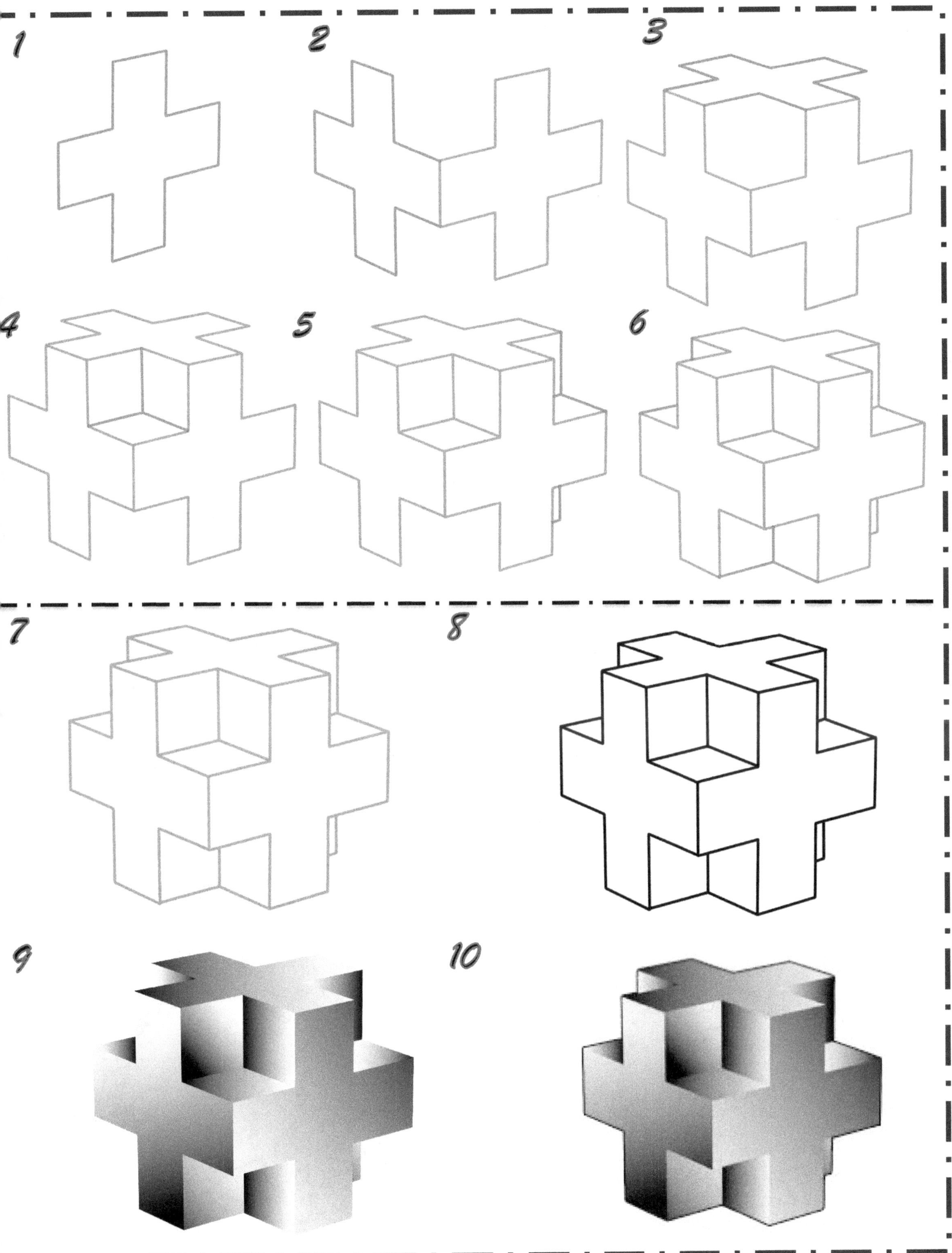

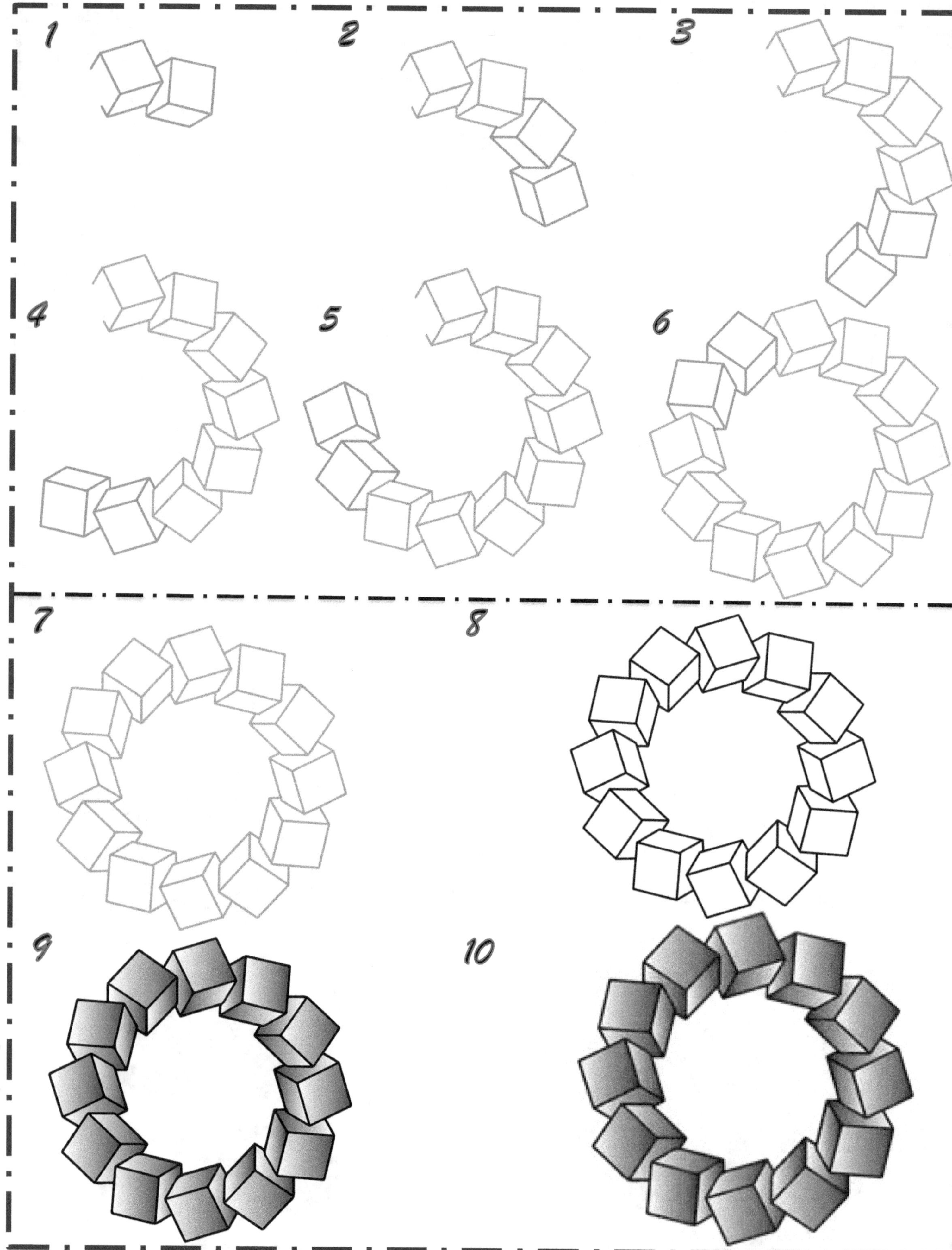

1
2
3
4
5
6
7
8
9
10

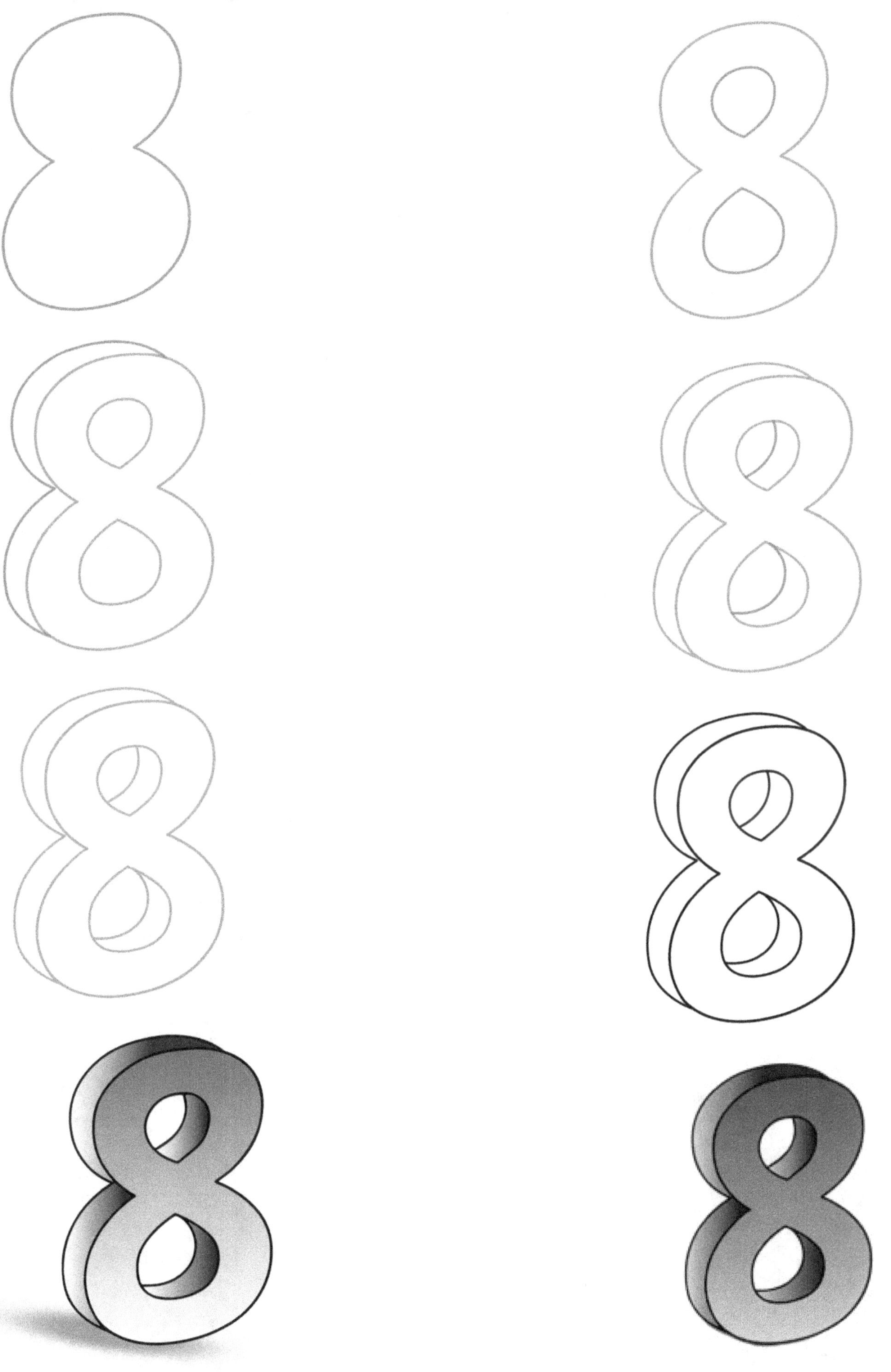

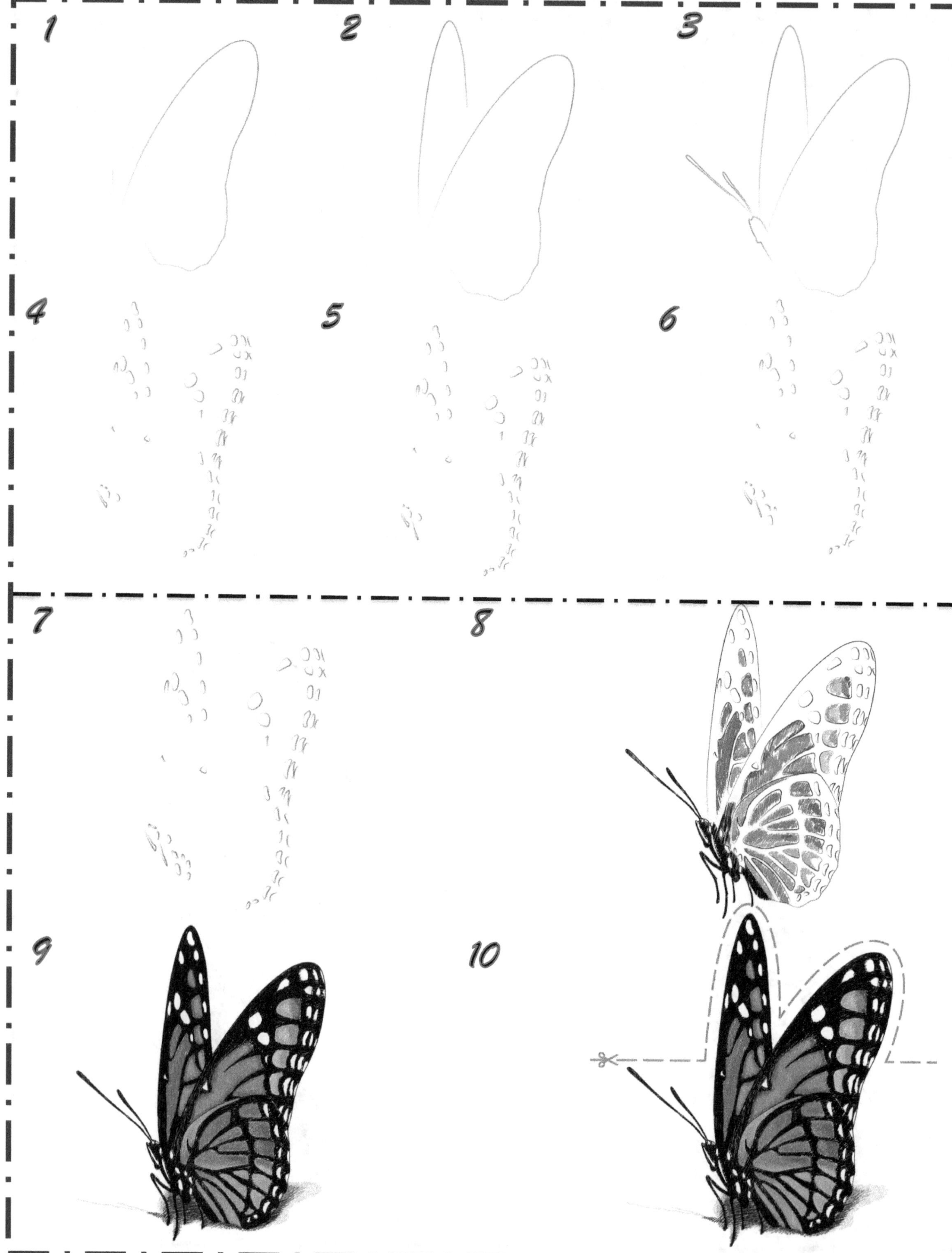

1
2
3
4
5
6
7
8
9
10

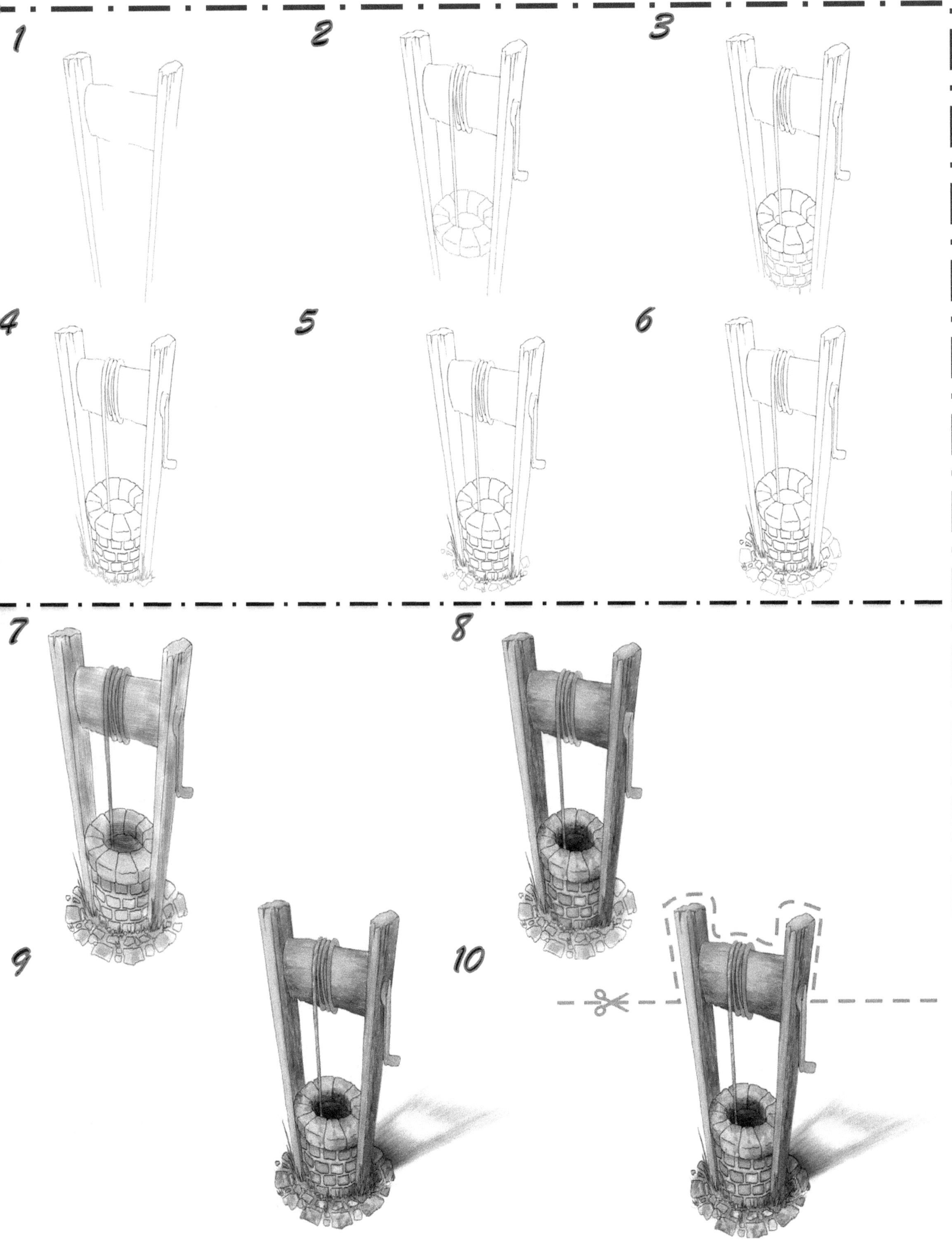

1
2
3
4
5
6
7
8
9
10

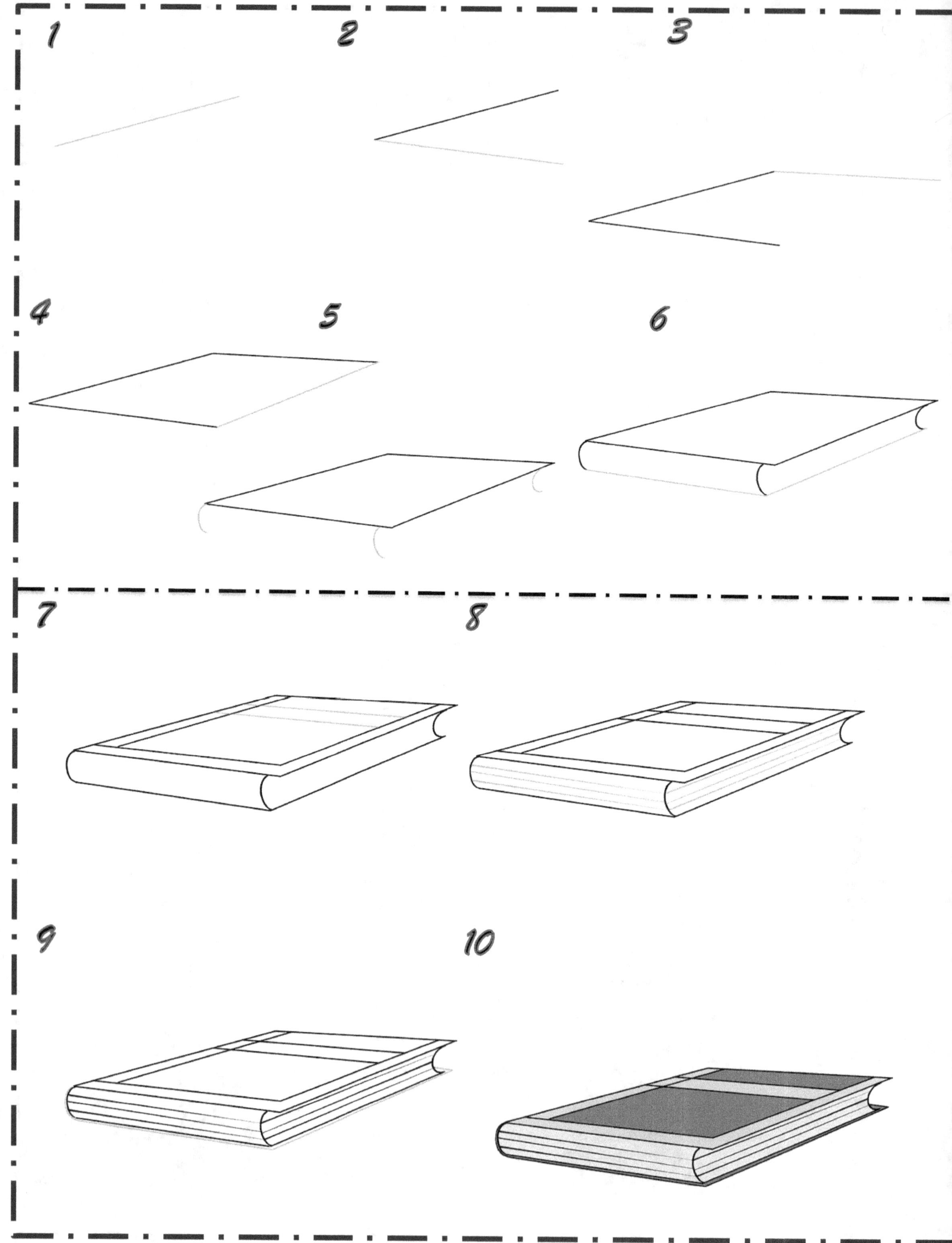

1
2
3
4
5
6
7
8
9
10

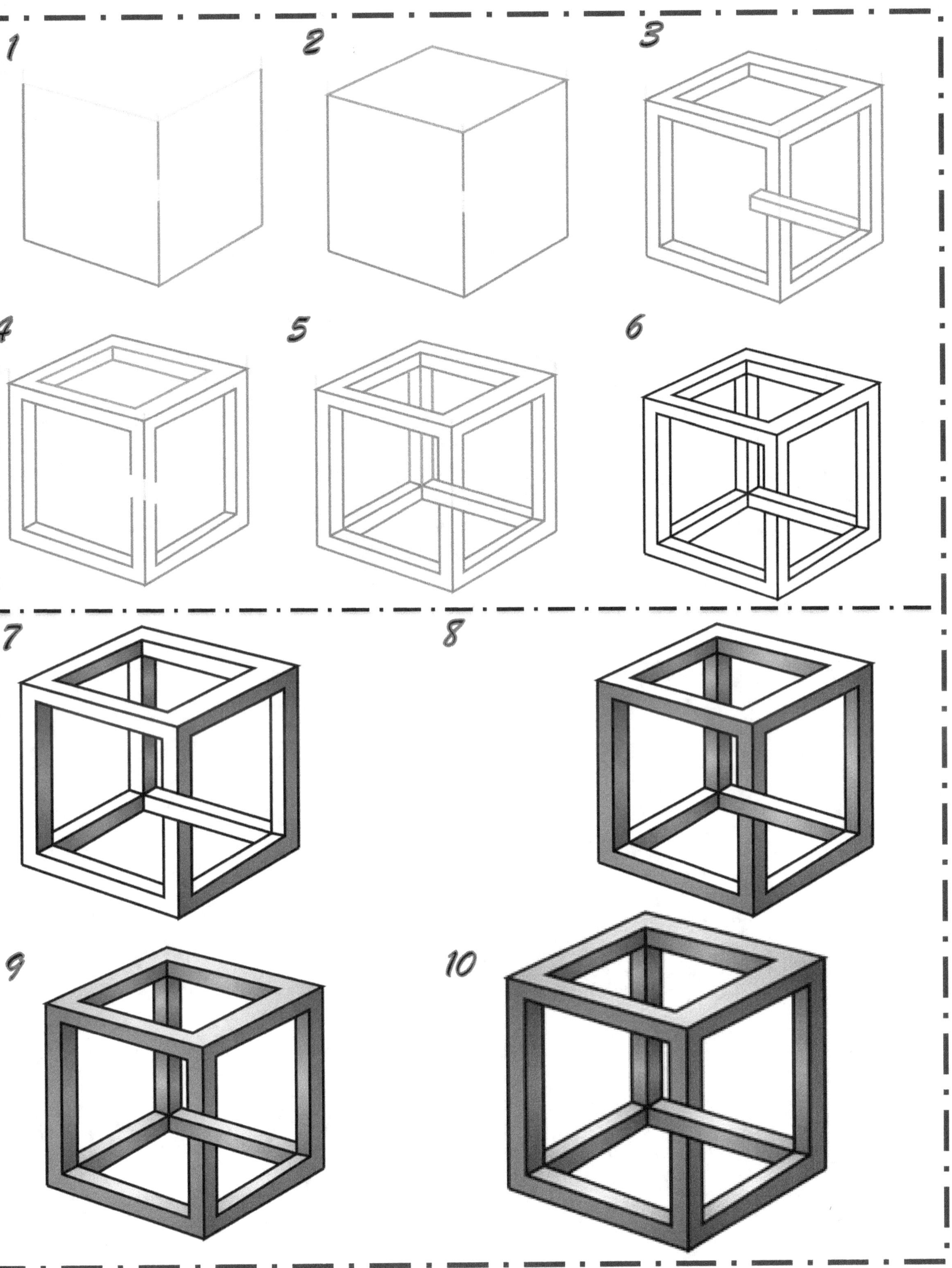
1
2
3
4
5
6
7
8
9
10

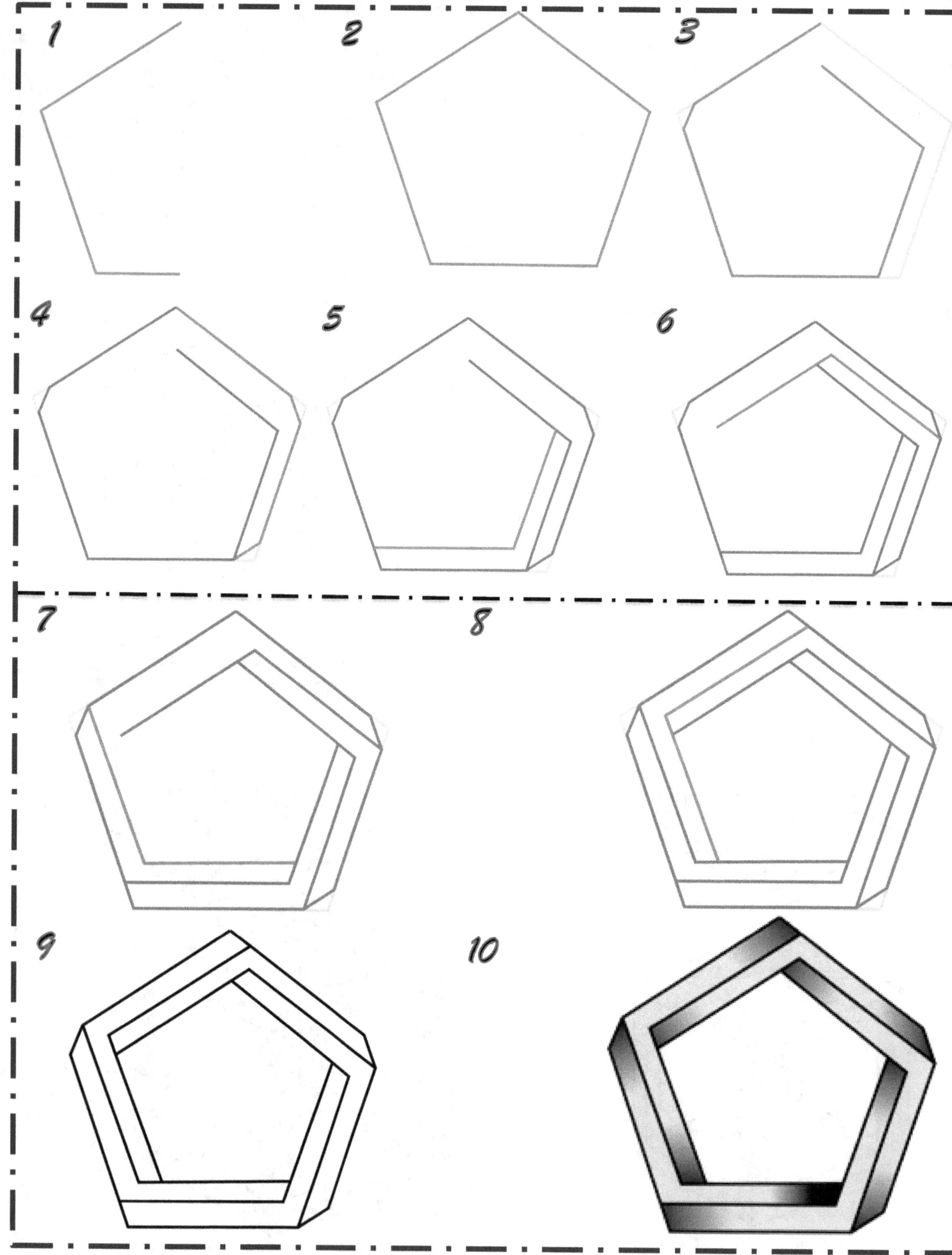

1
2
3
4
5
6
7
8
9
10

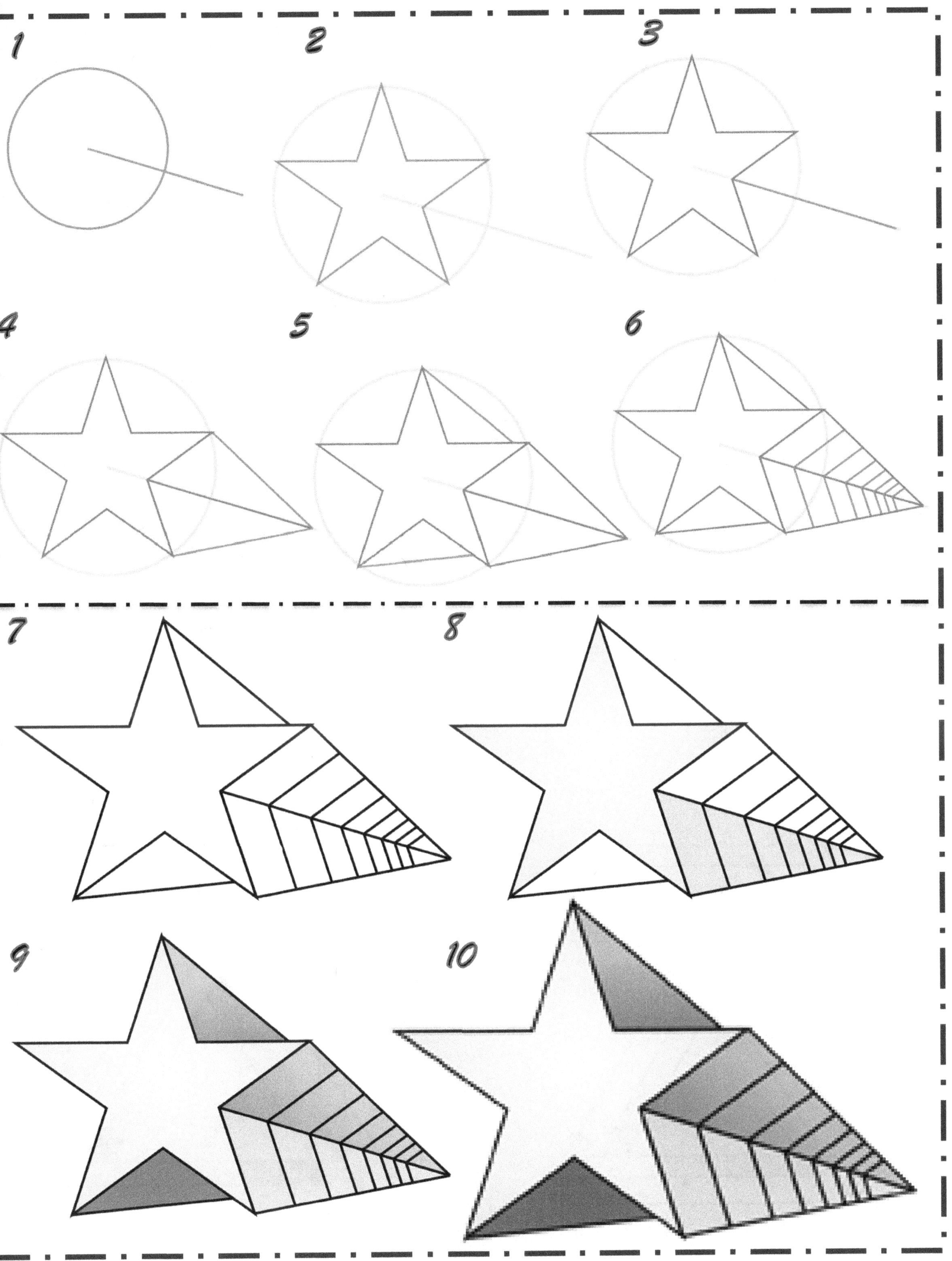

1
2
3
4
5
6
7
8
9
10

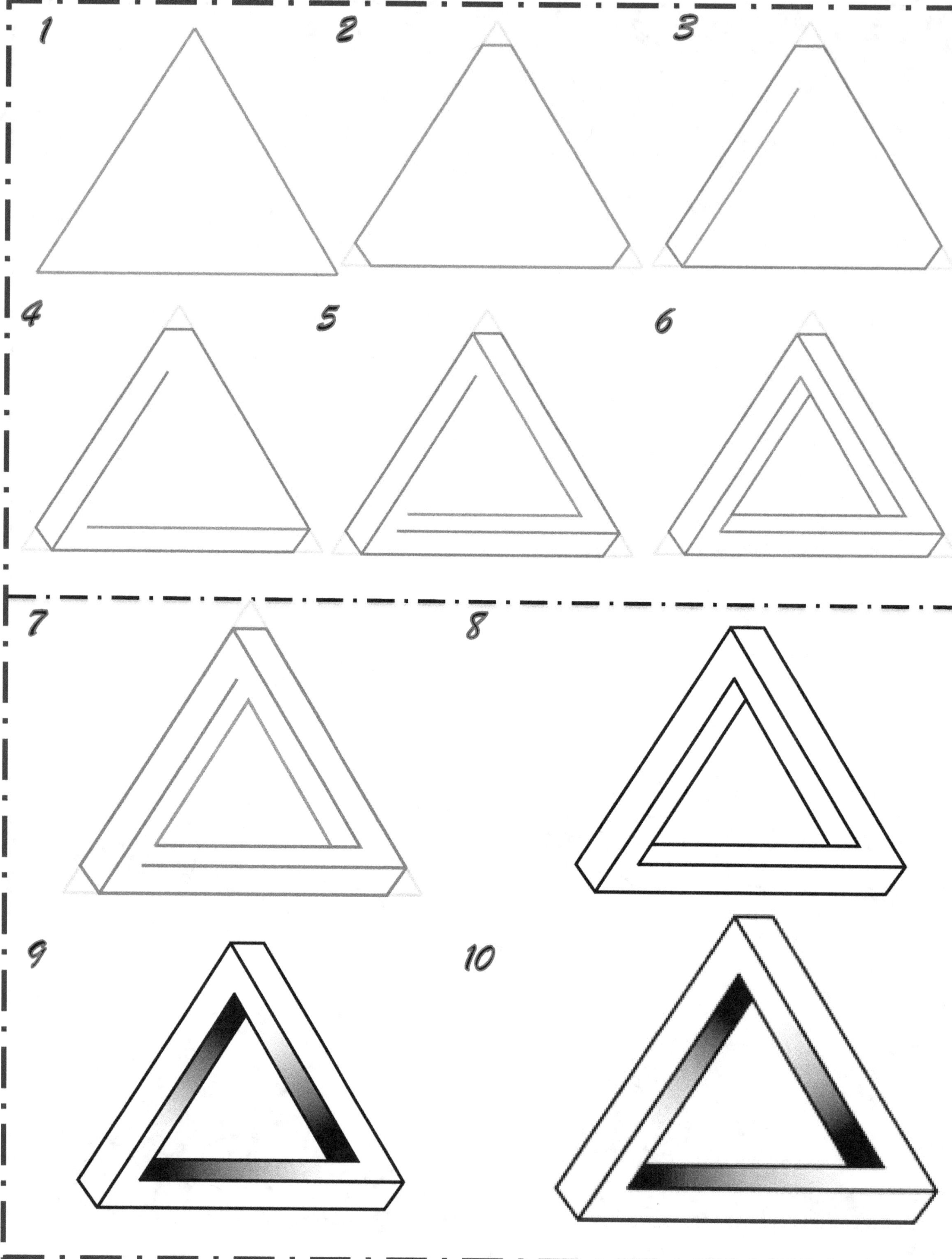

1
2
3
4
5
6
7
8
9
10

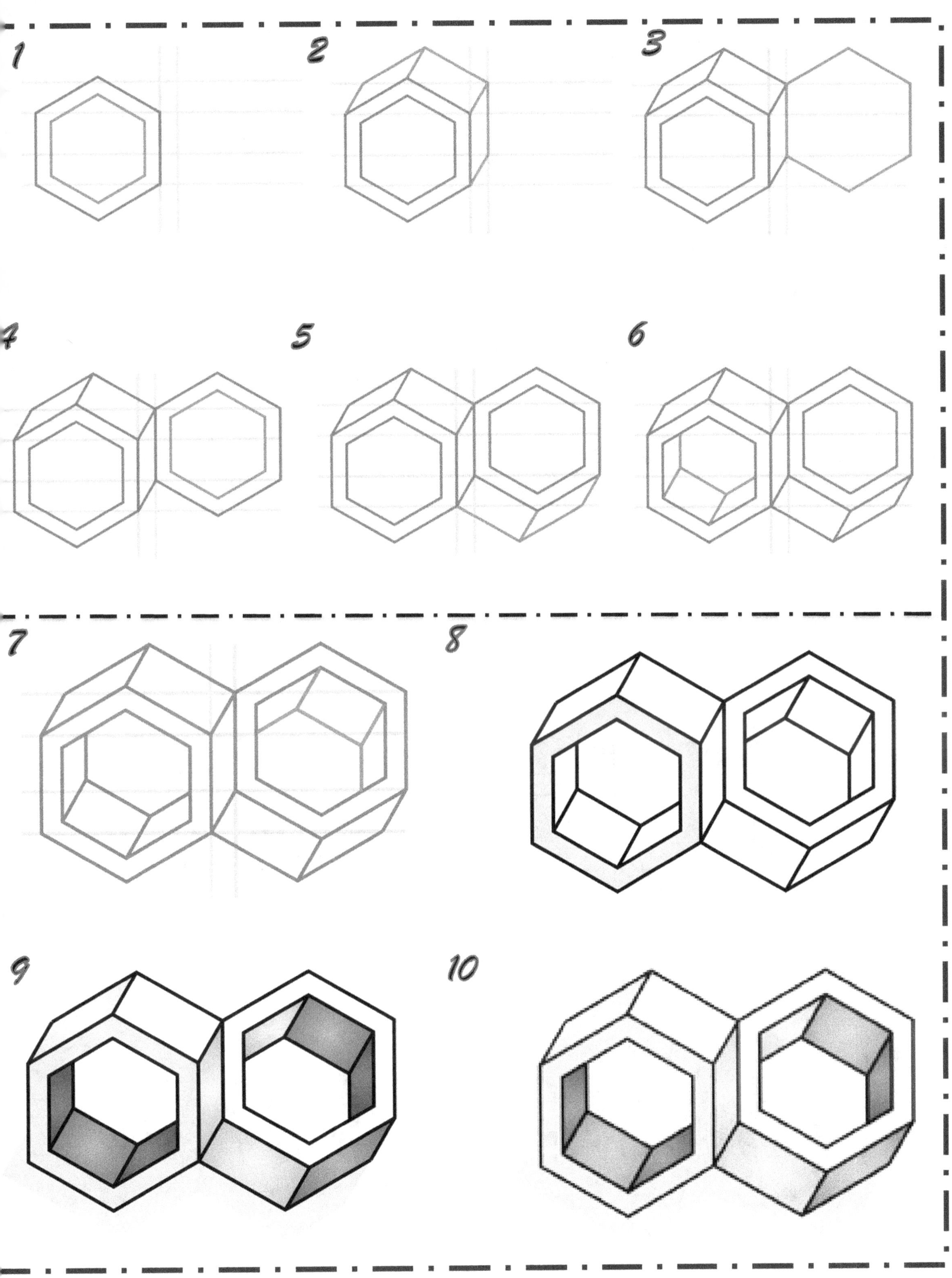

1
2
3
4
5
6
7
8
9
10

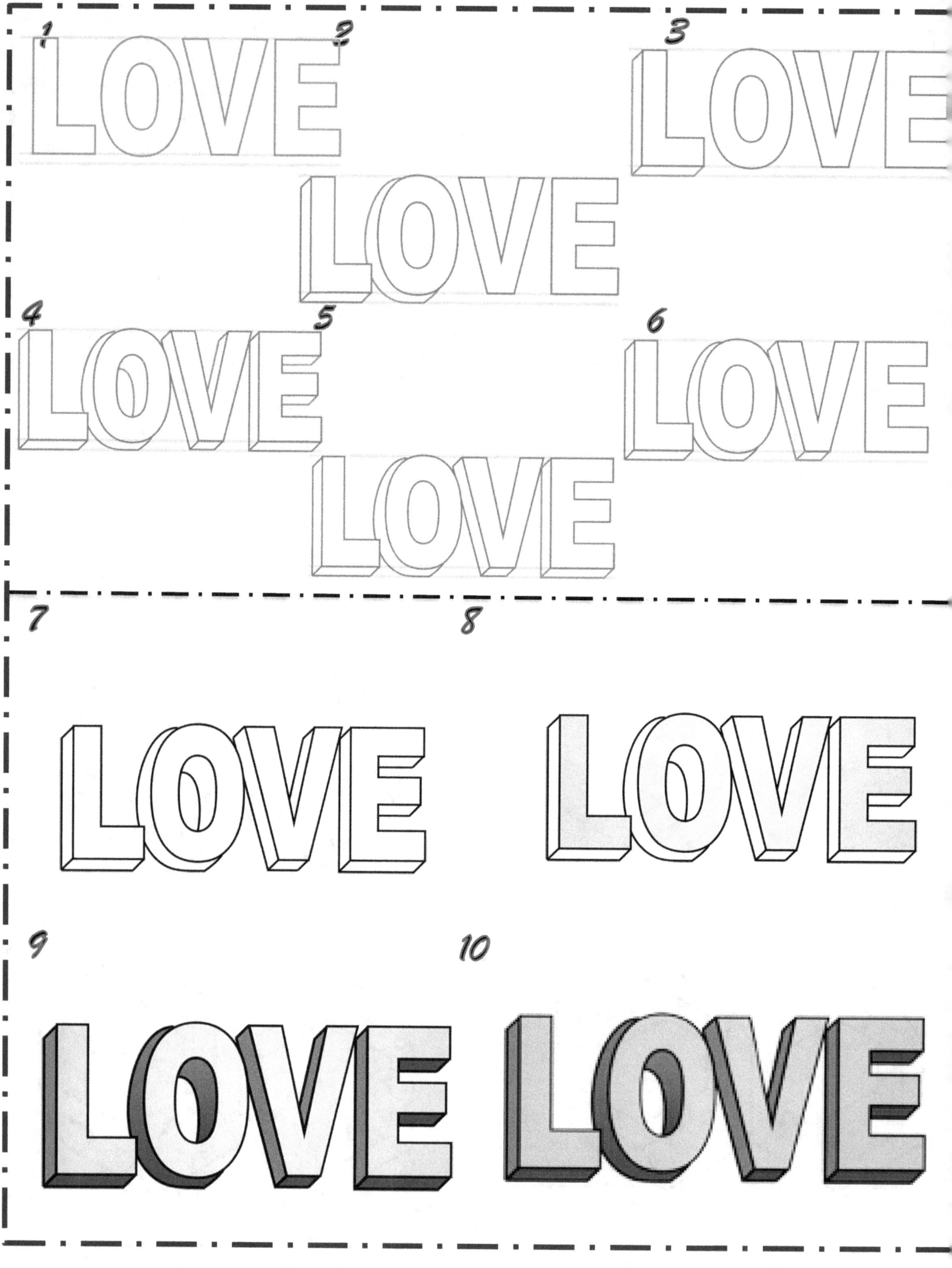

1 LOVE
2 LOVE
3 LOVE

4 LOVE
5 LOVE
6 LOVE

7 LOVE
8 LOVE

9 LOVE
10 LOVE

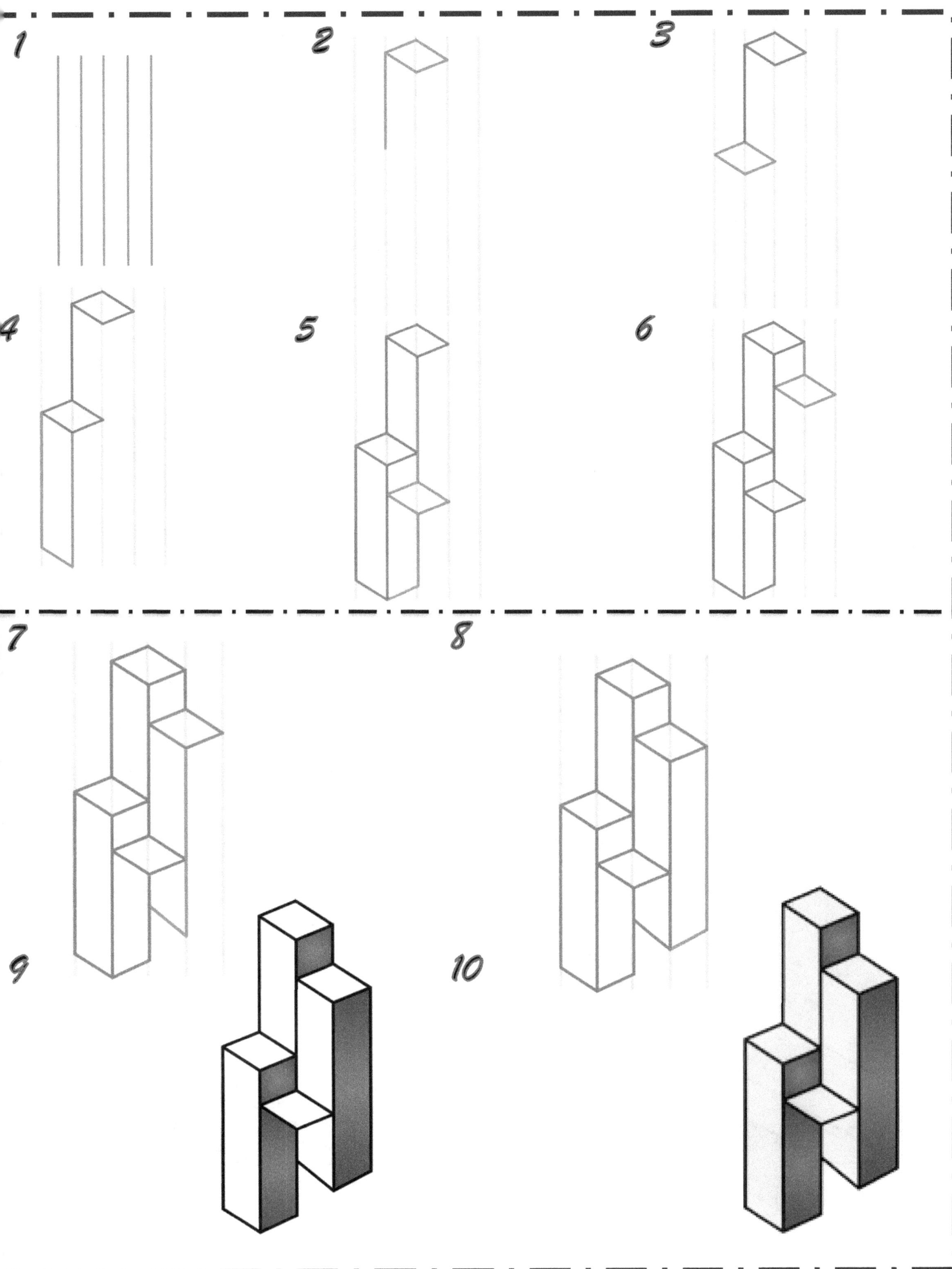

1
2
3
4
5
6
7
8
9
10

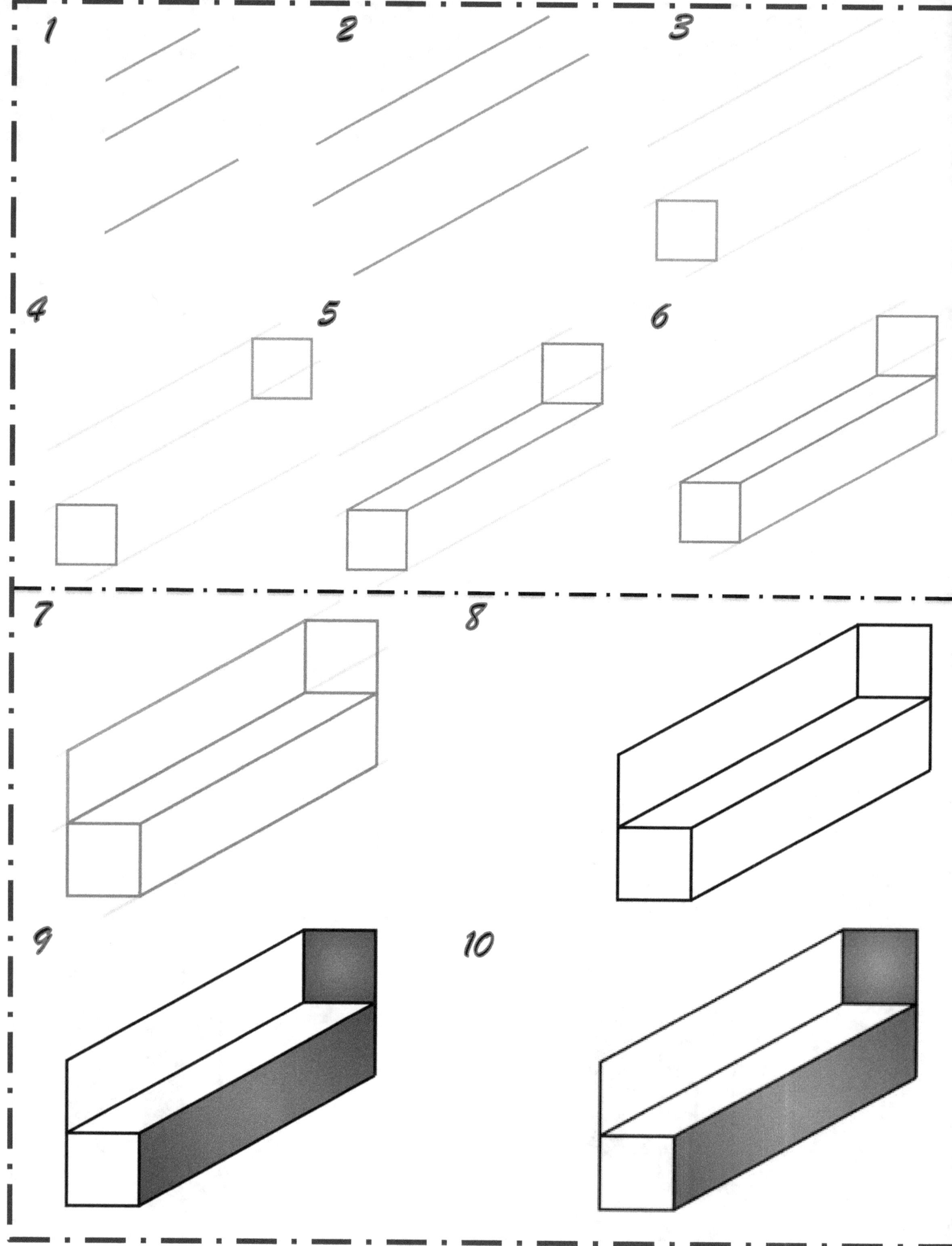

1
2
3
4
5
6
7
8
9
10

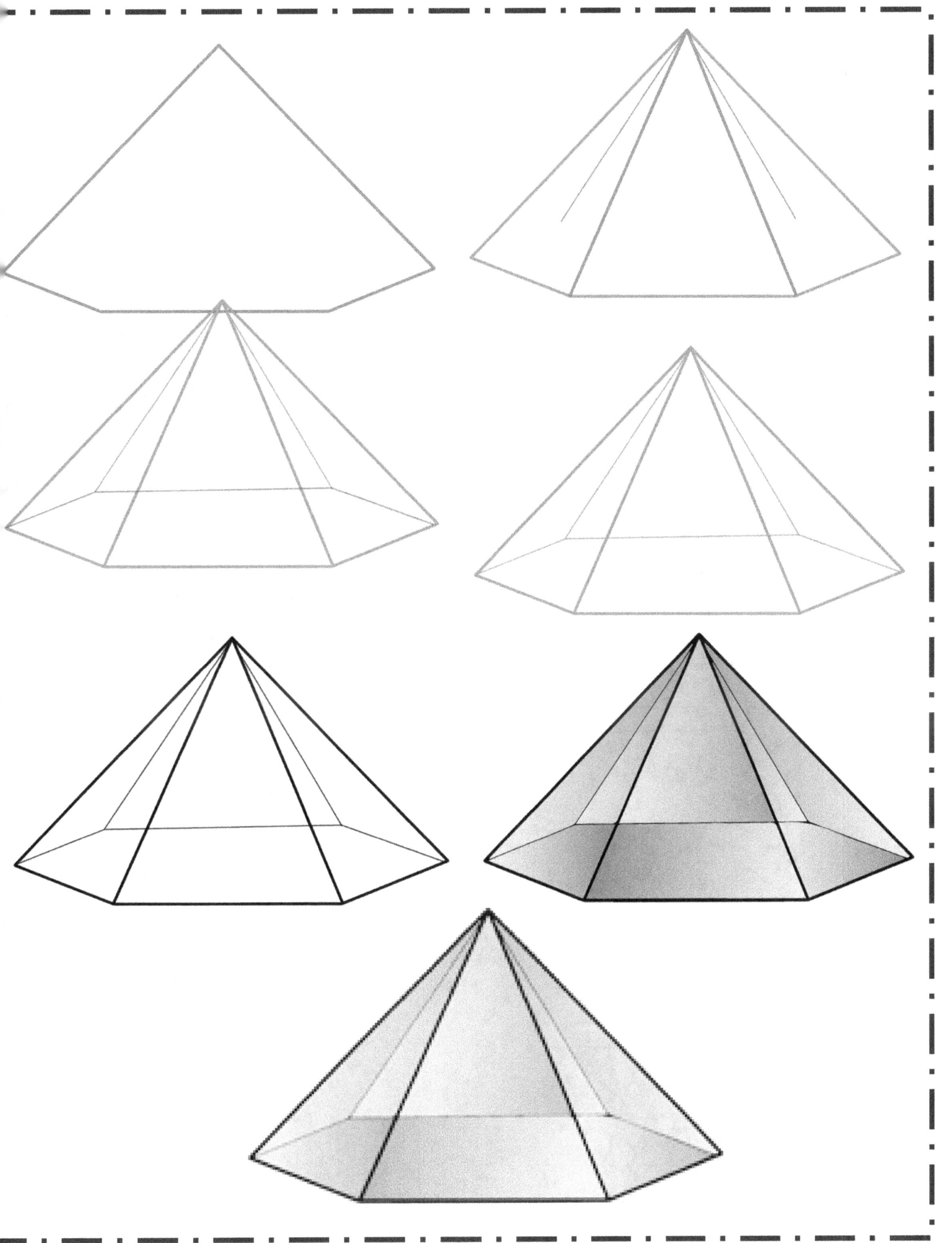

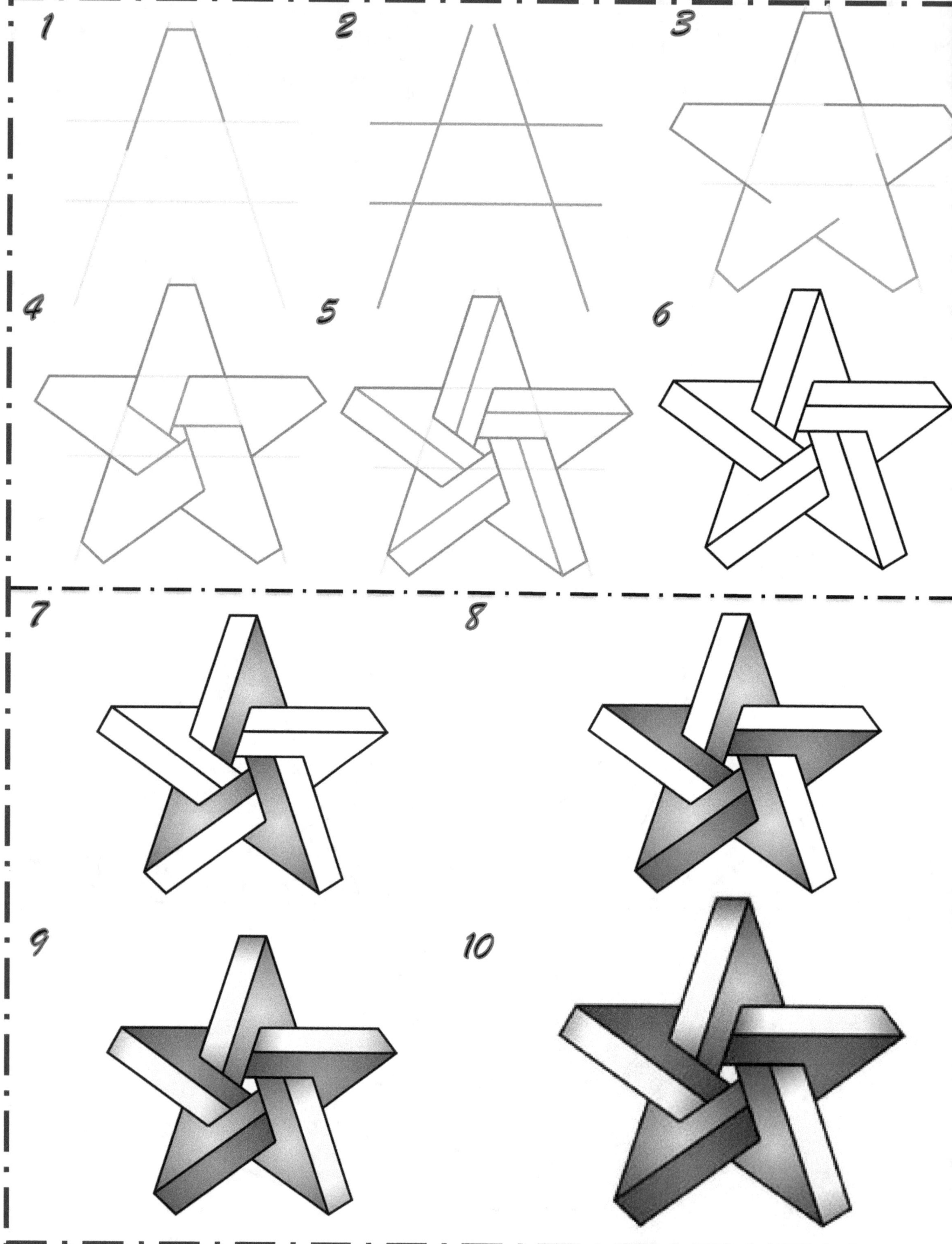

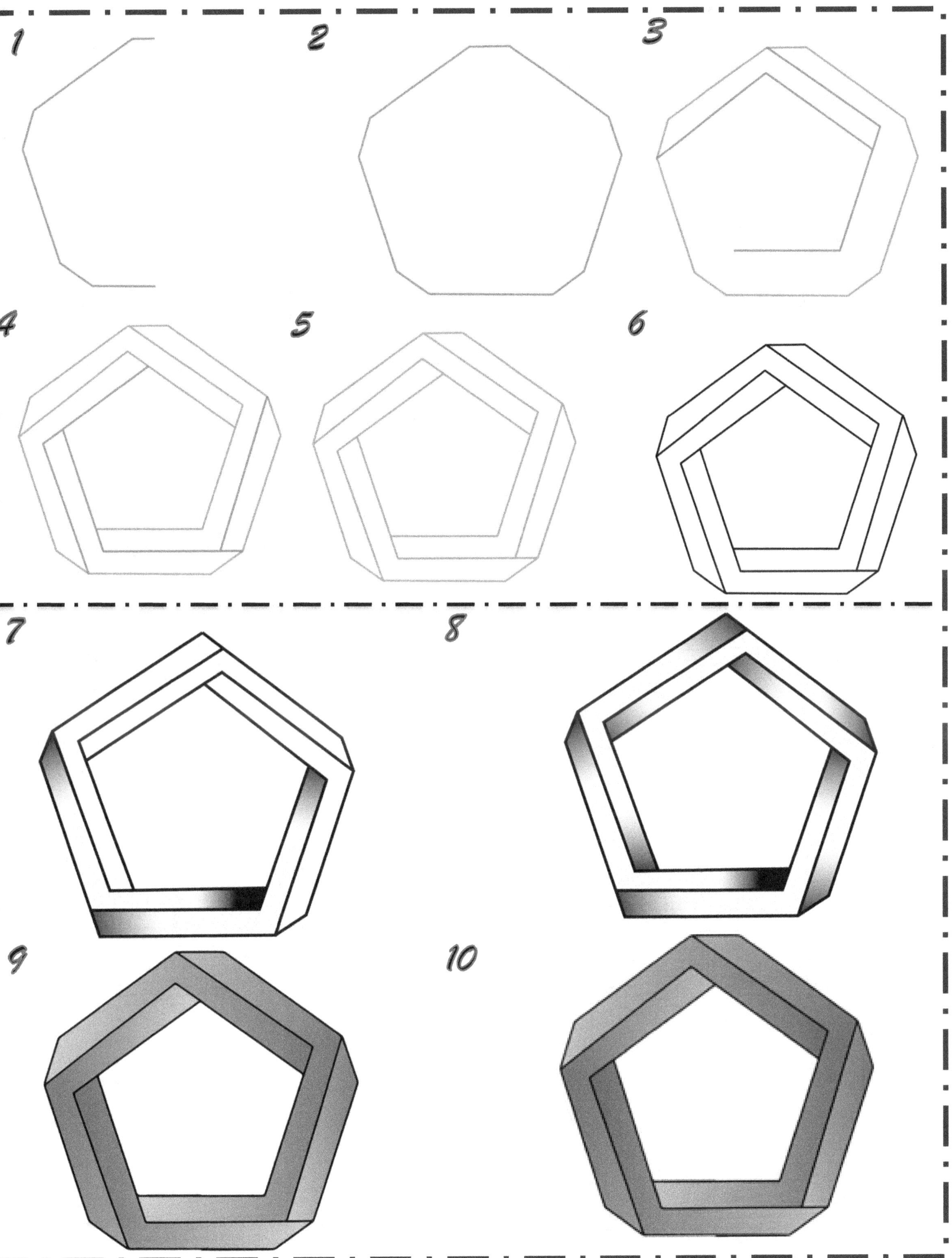

1
2
3
4
5
6
7
8
9
10

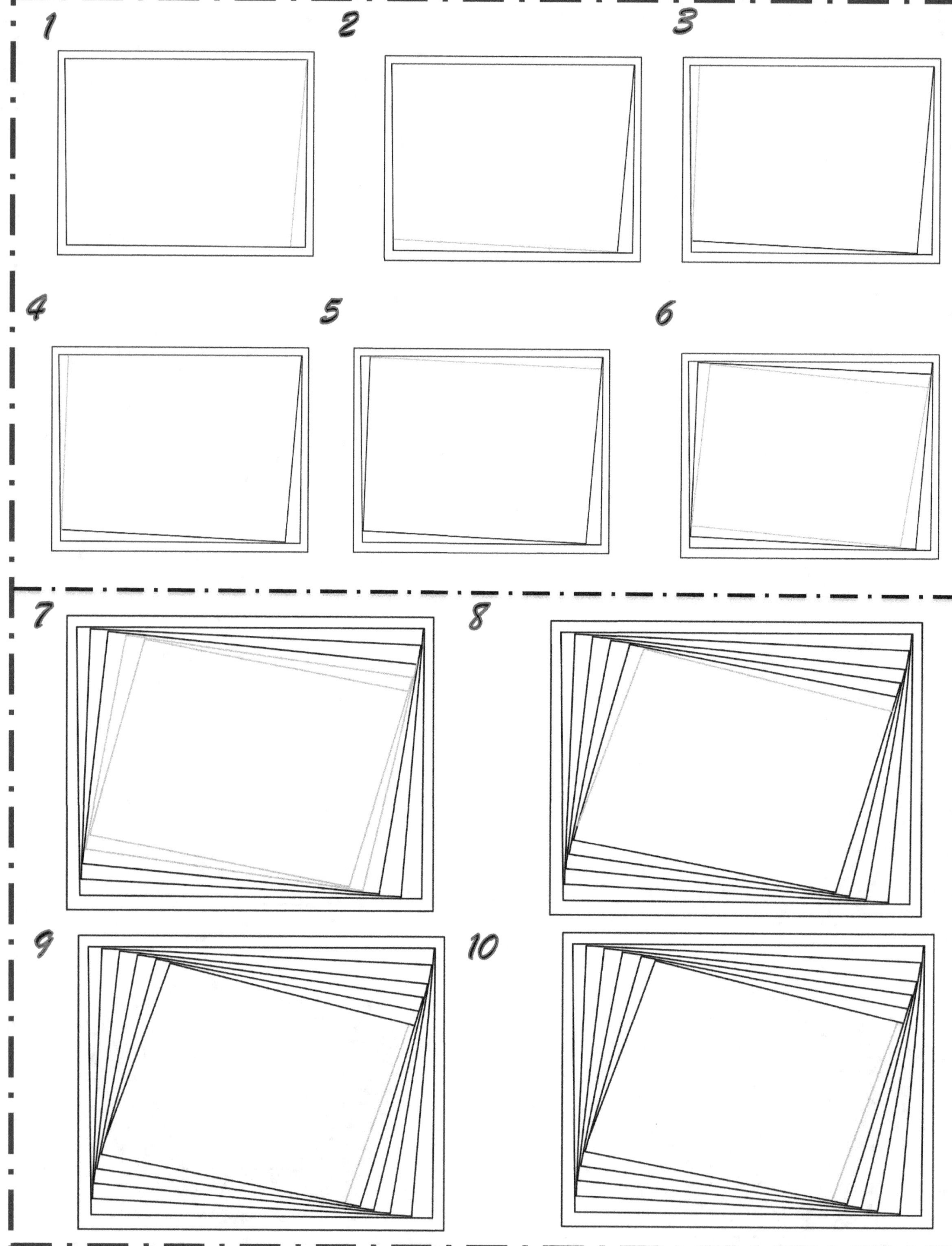

1
2
3
4
5
6
7
8
9
10

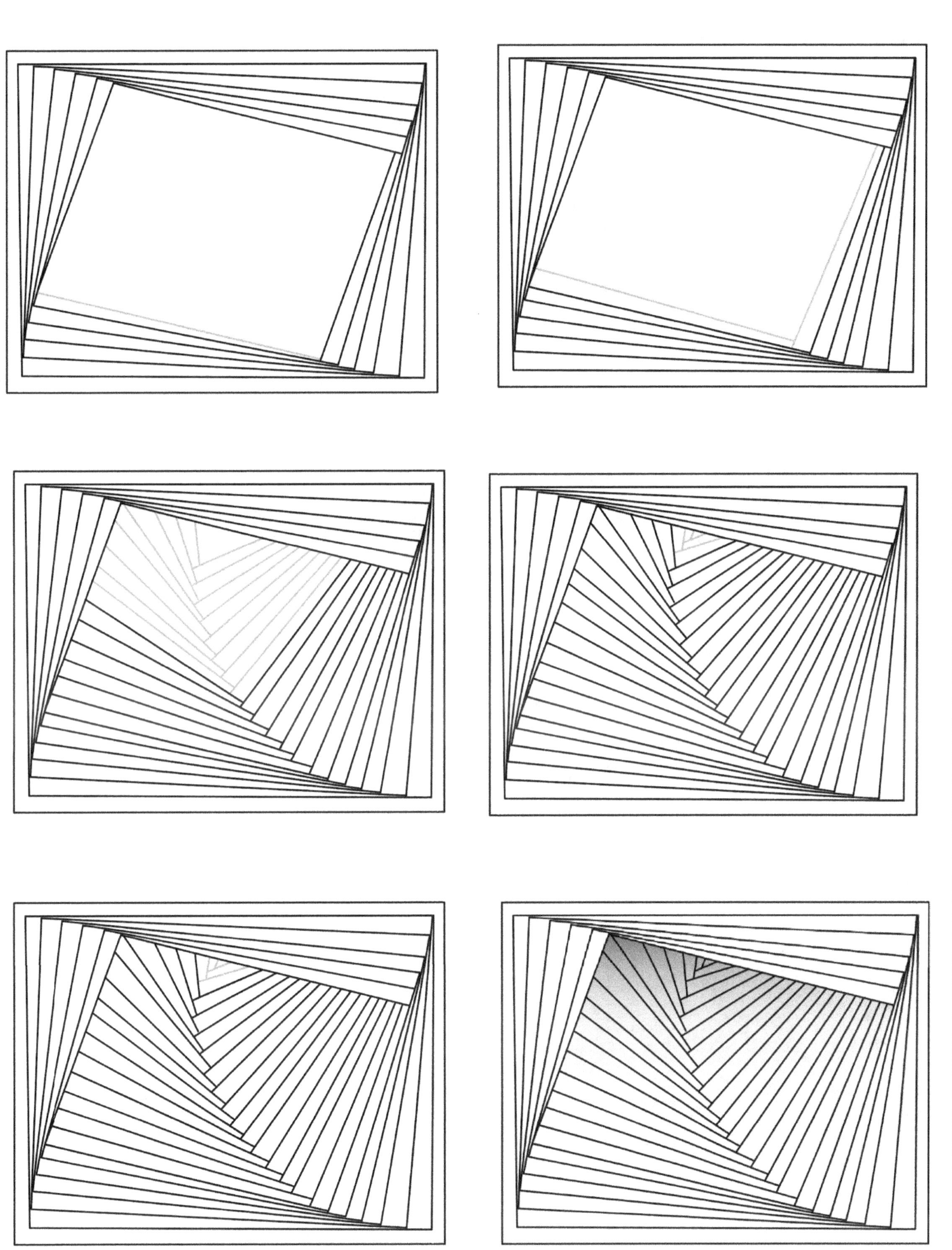

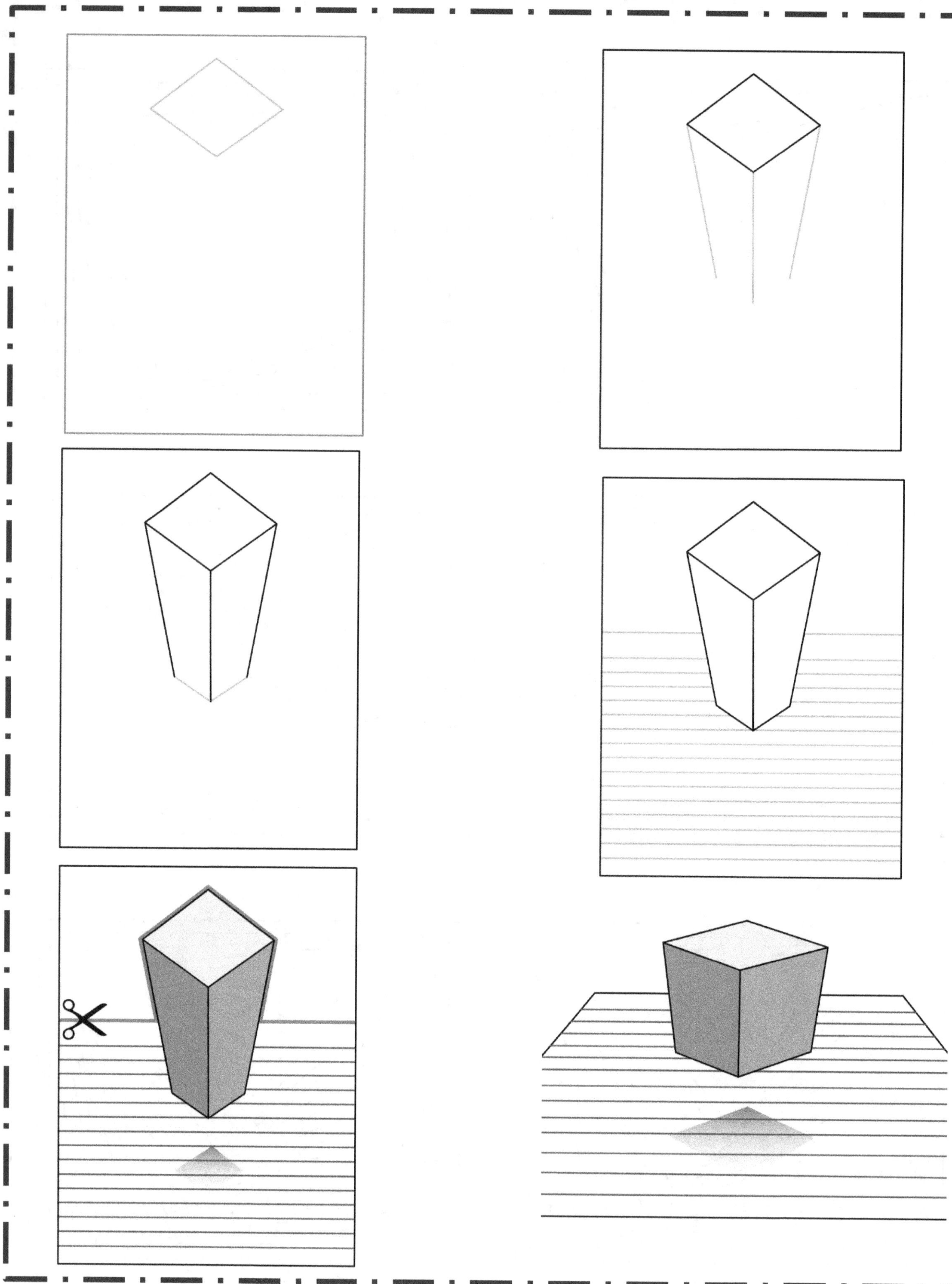

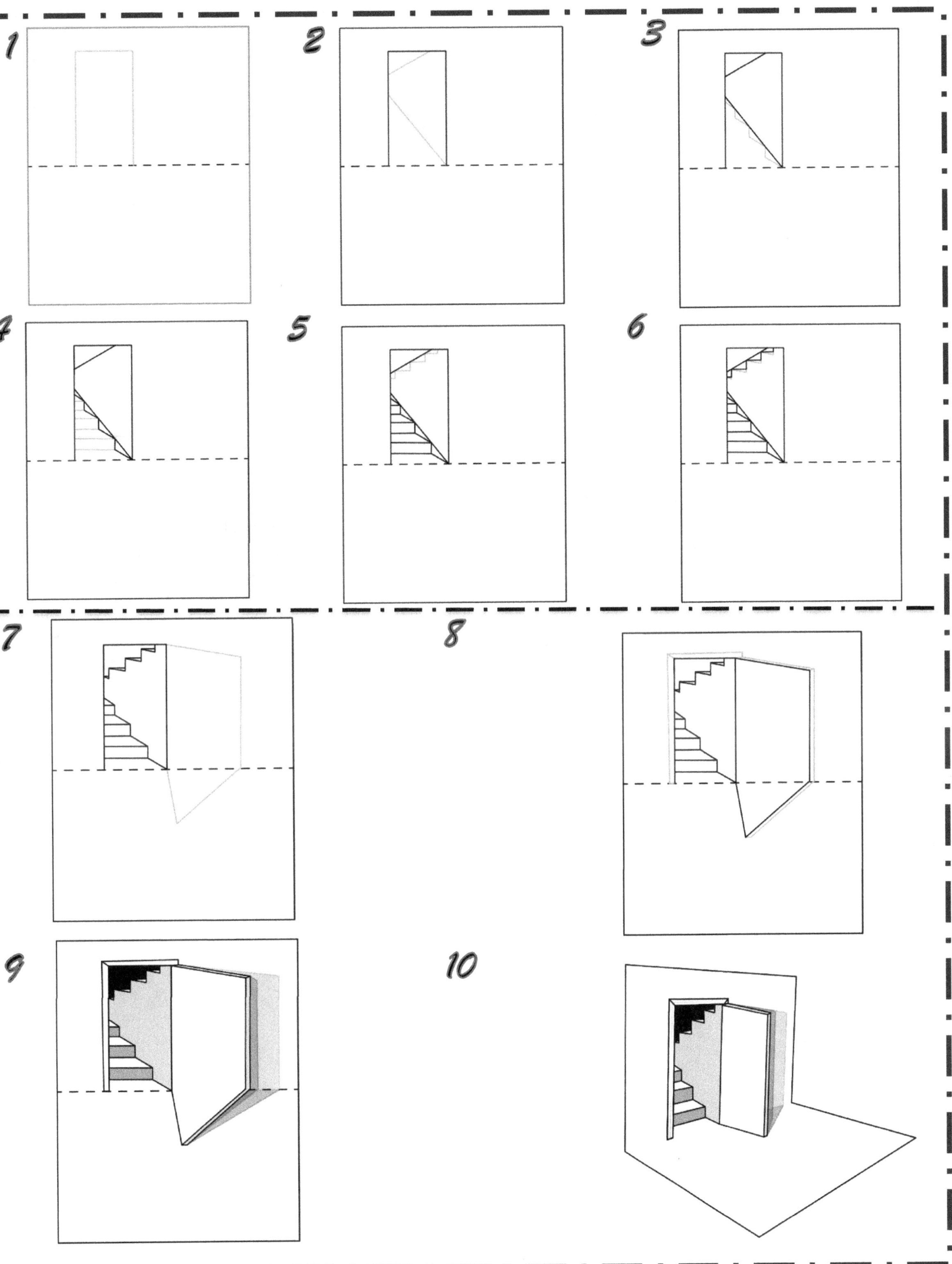

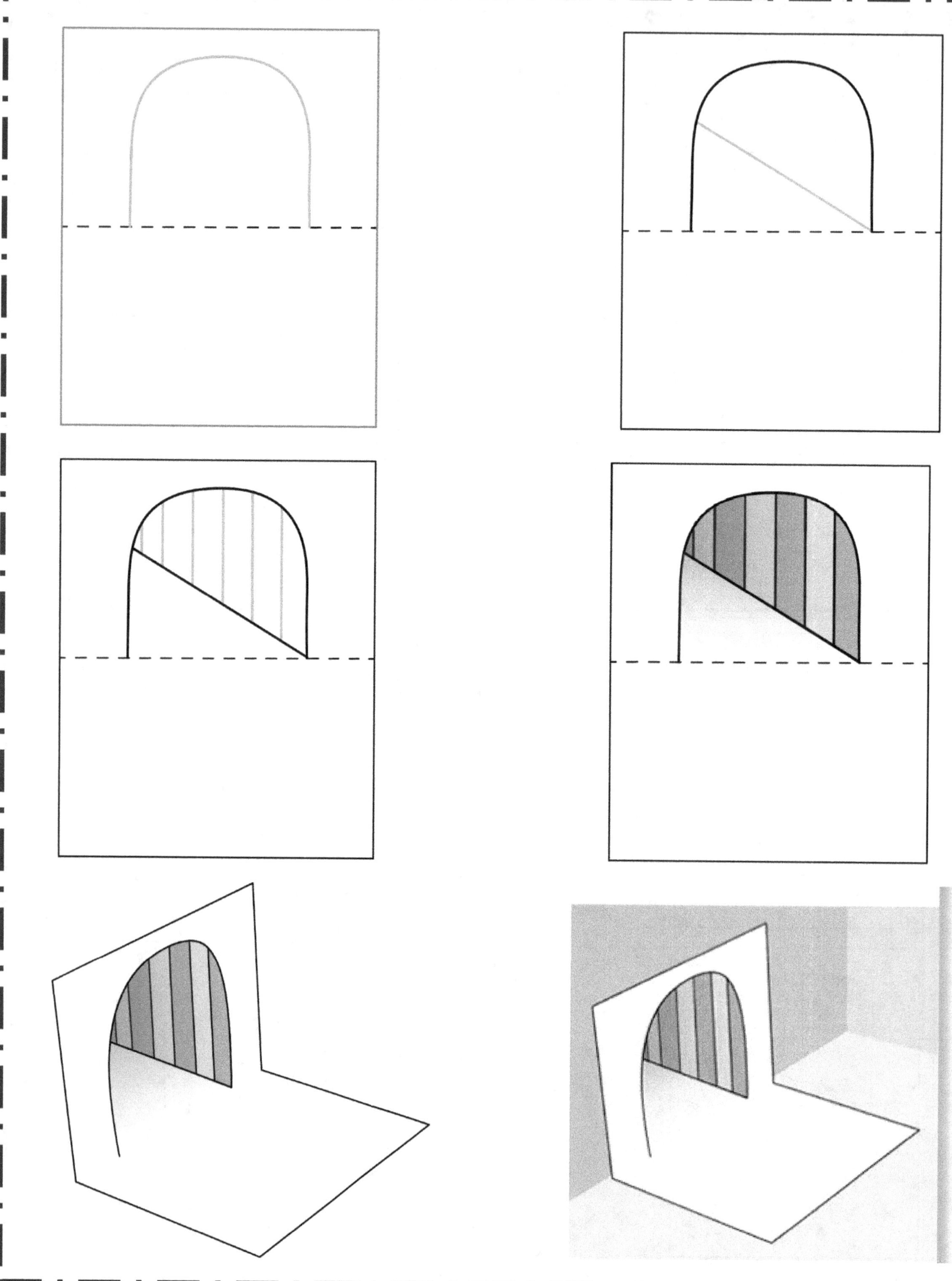

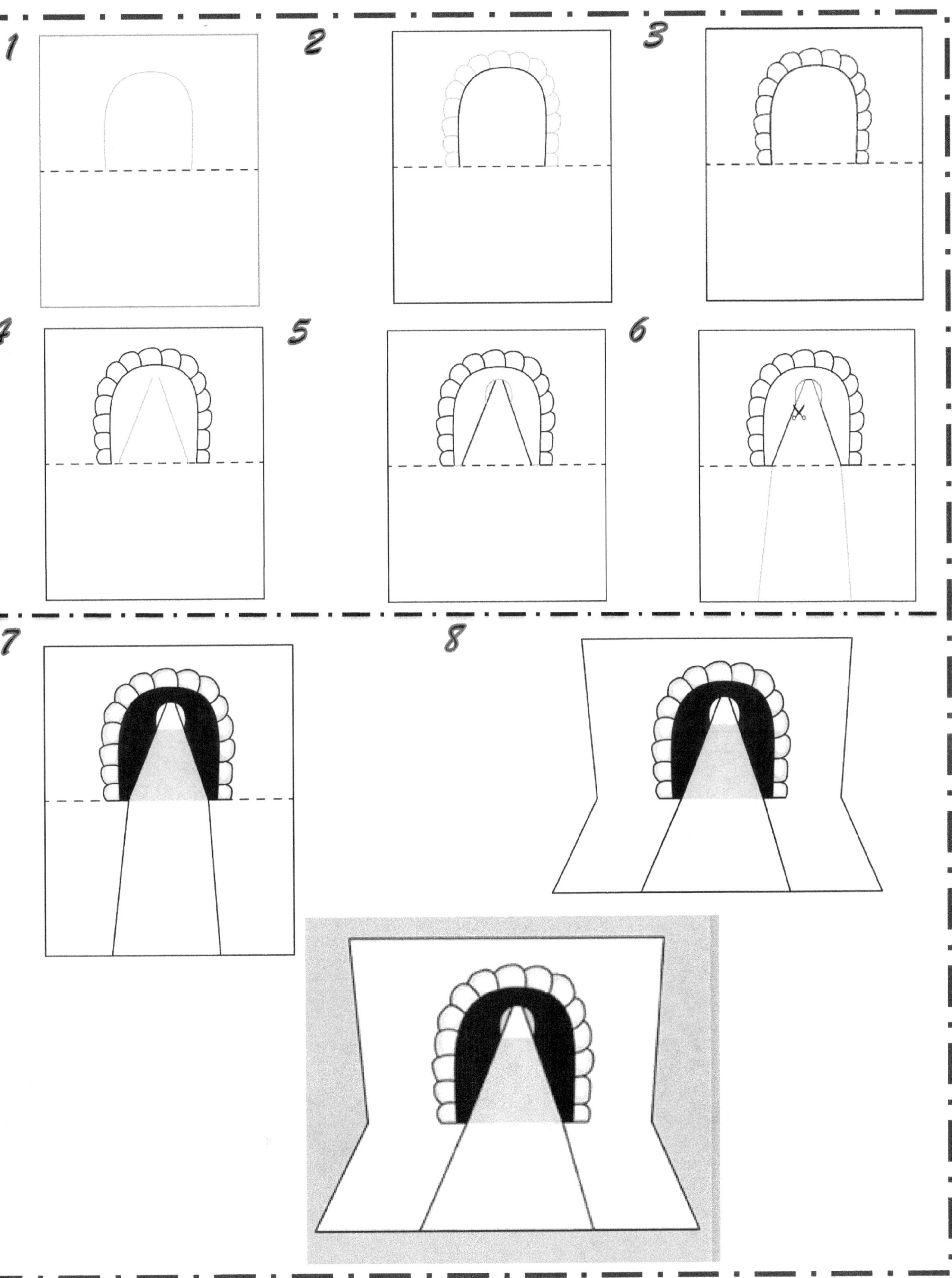

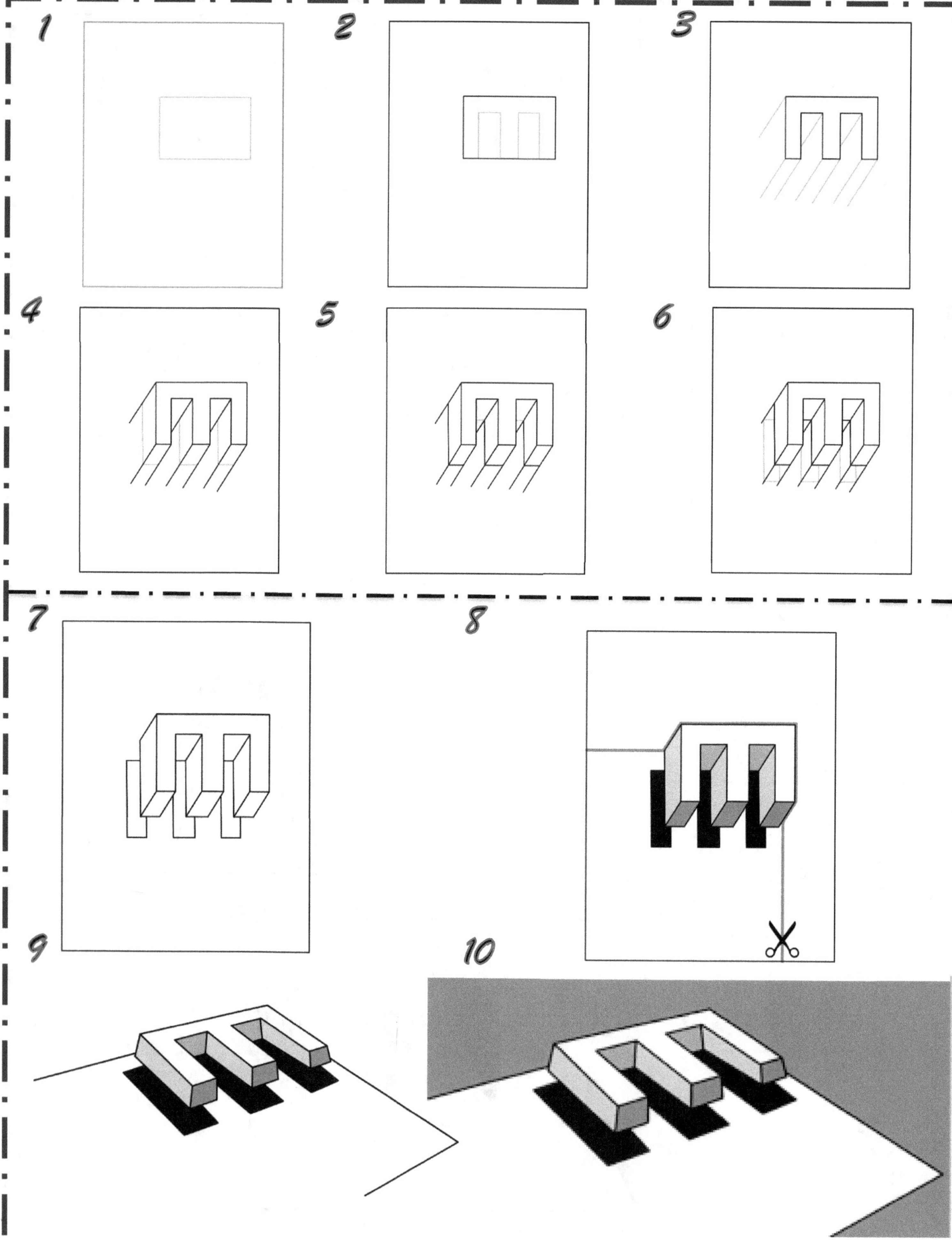

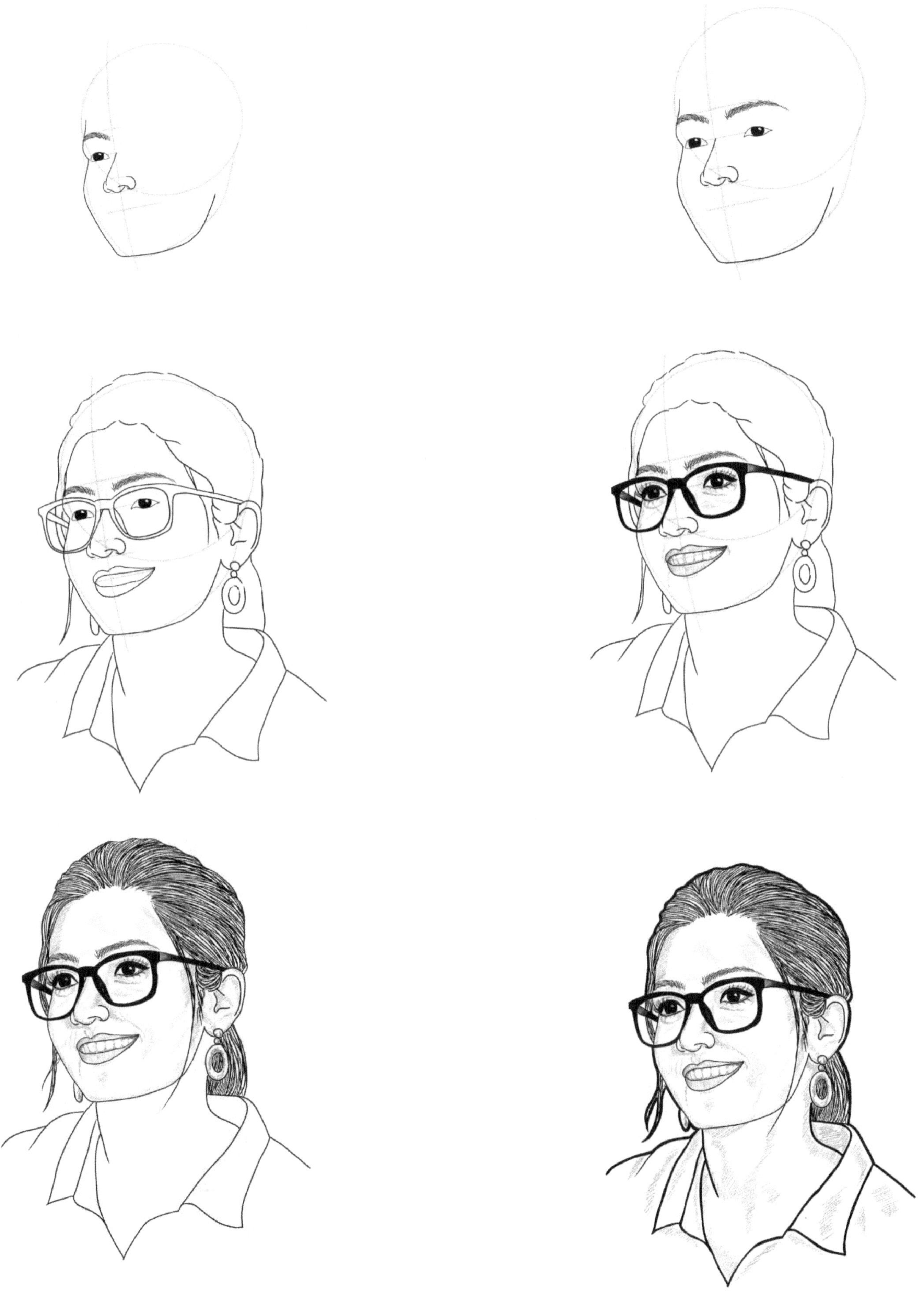

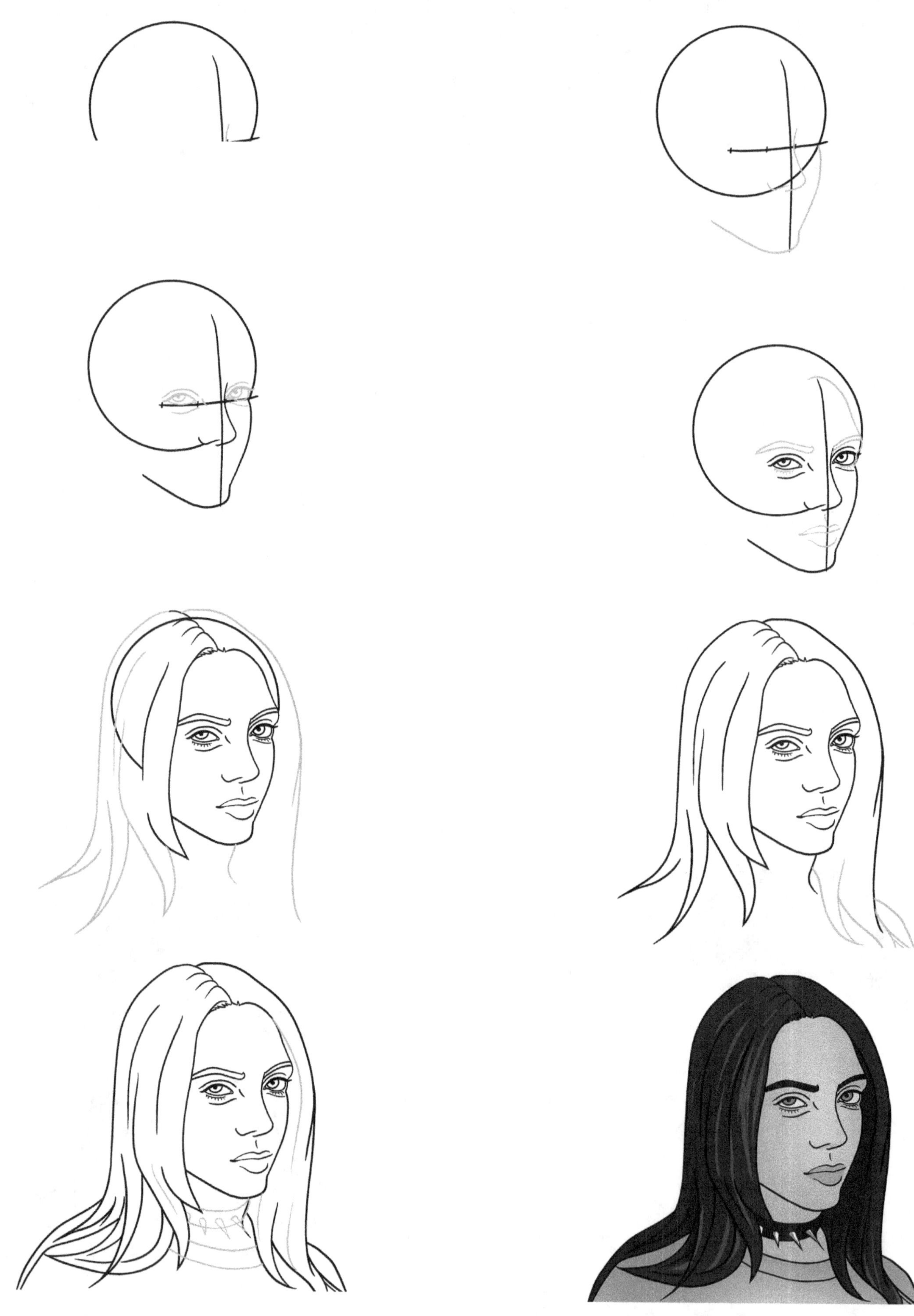

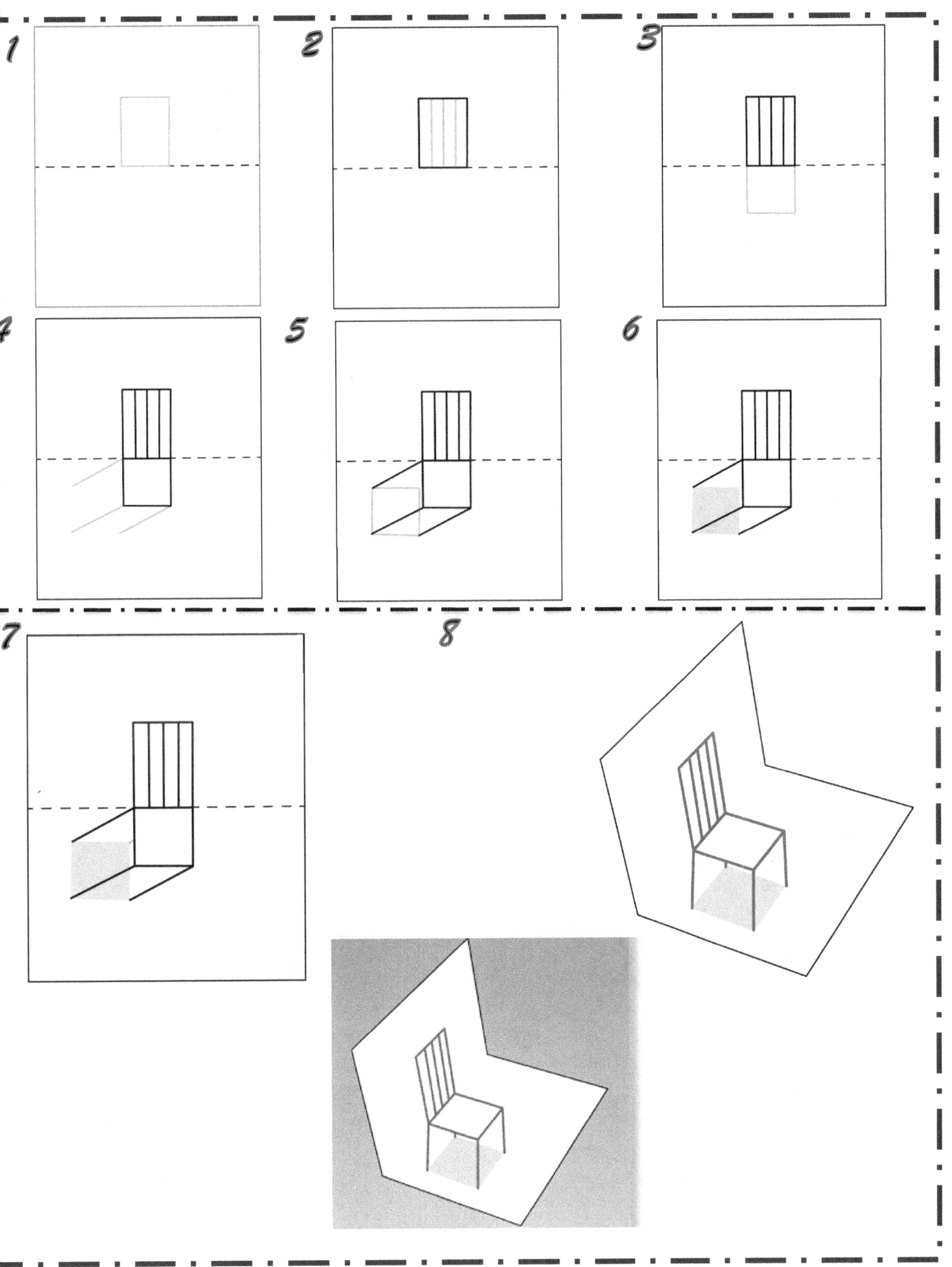

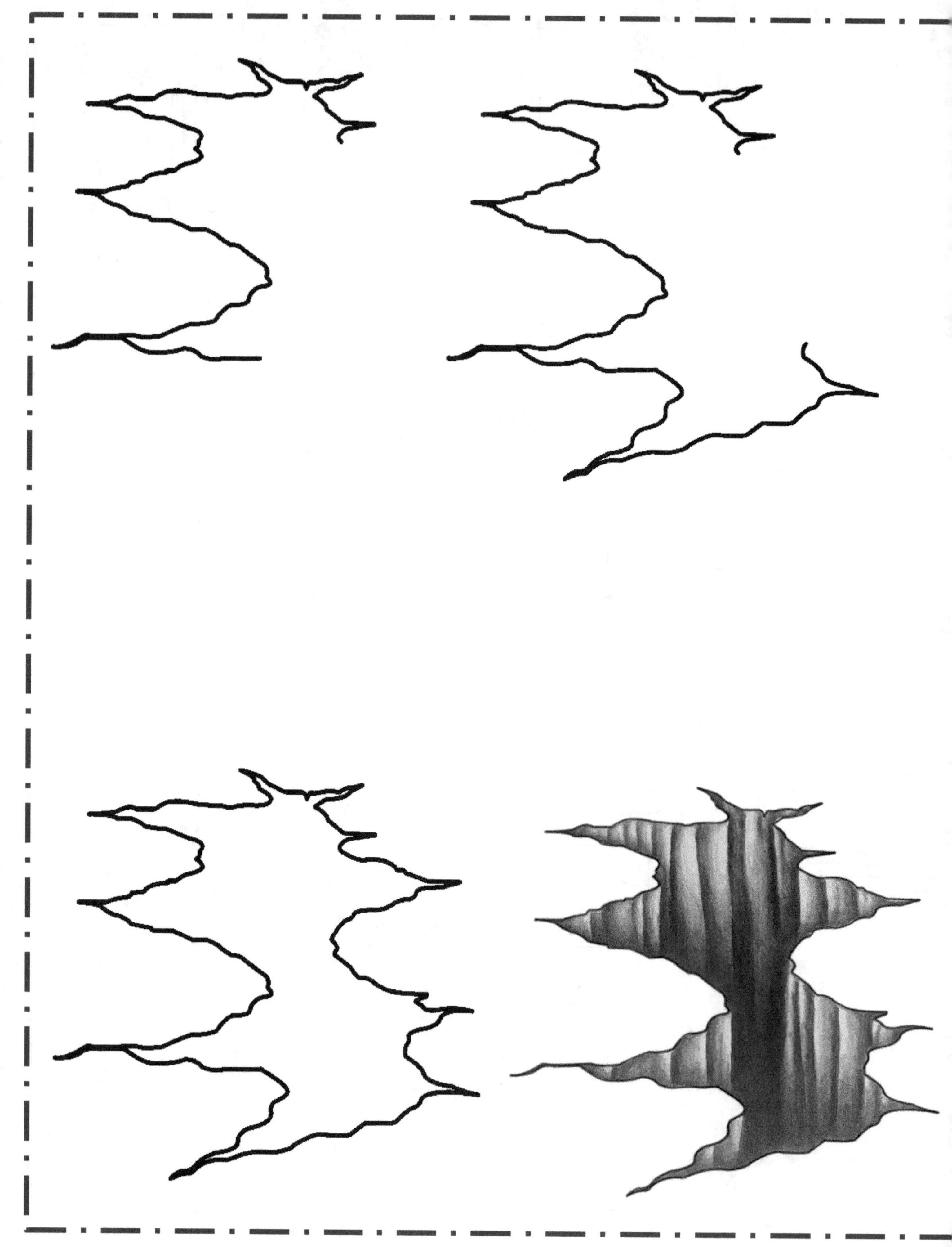

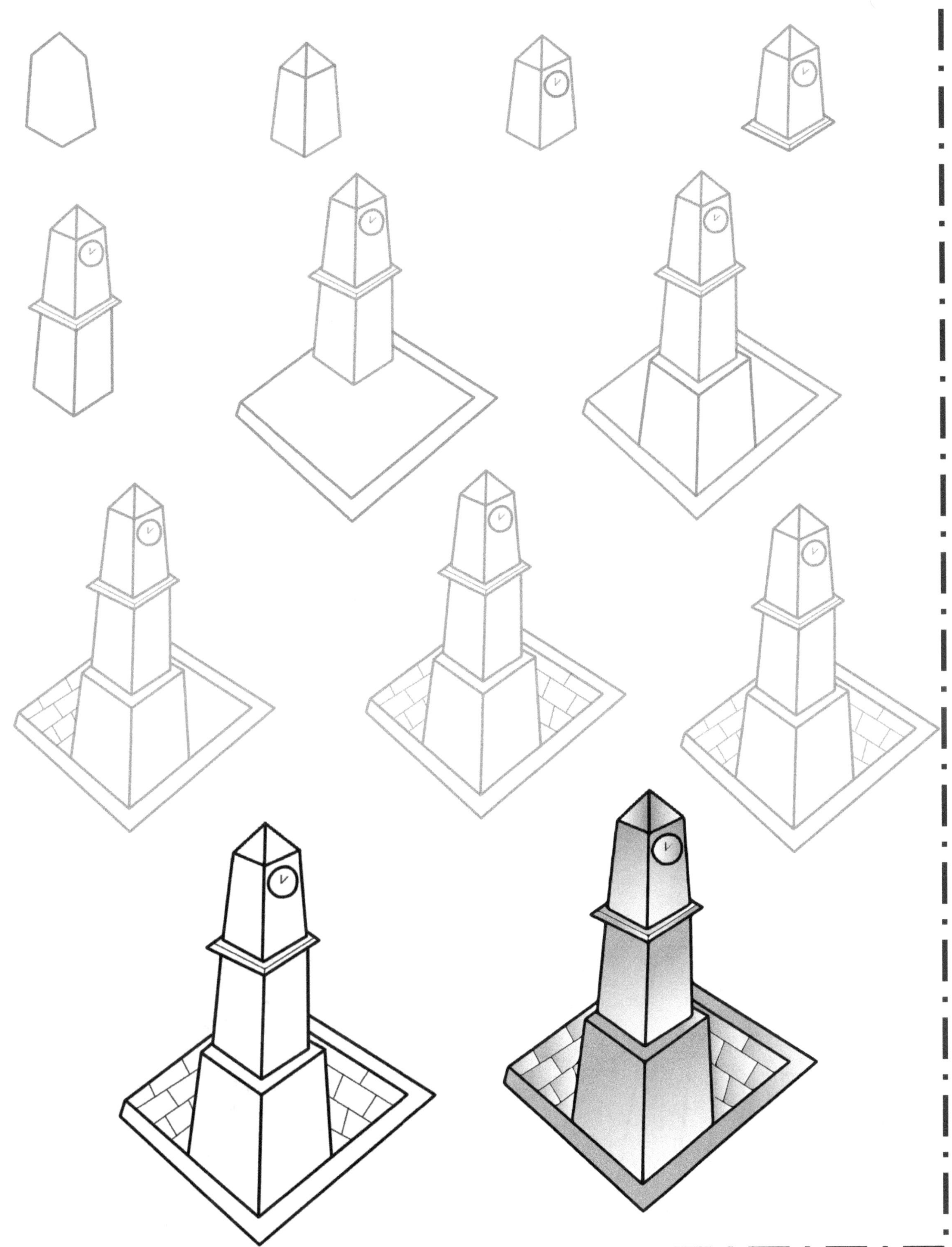

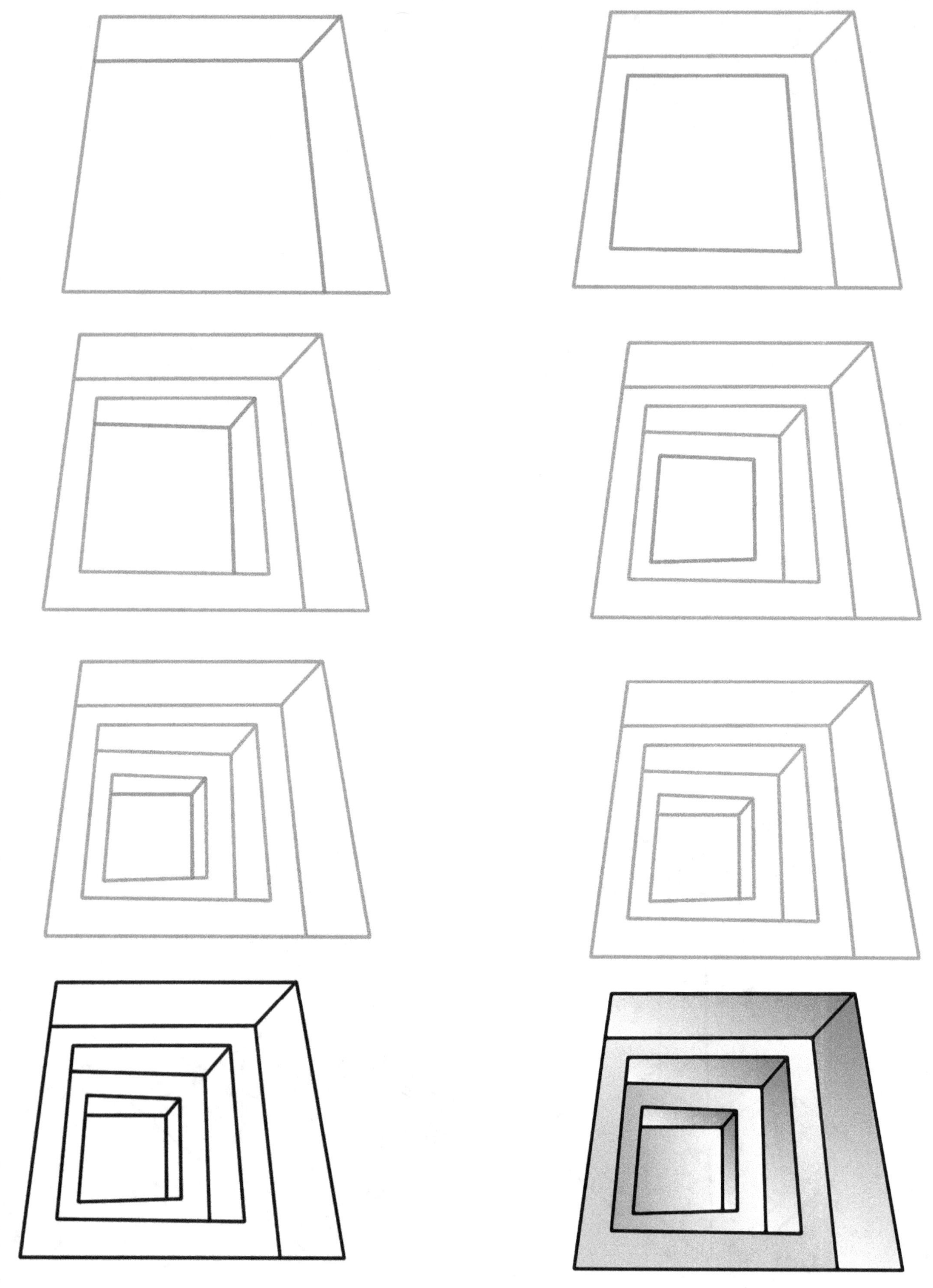

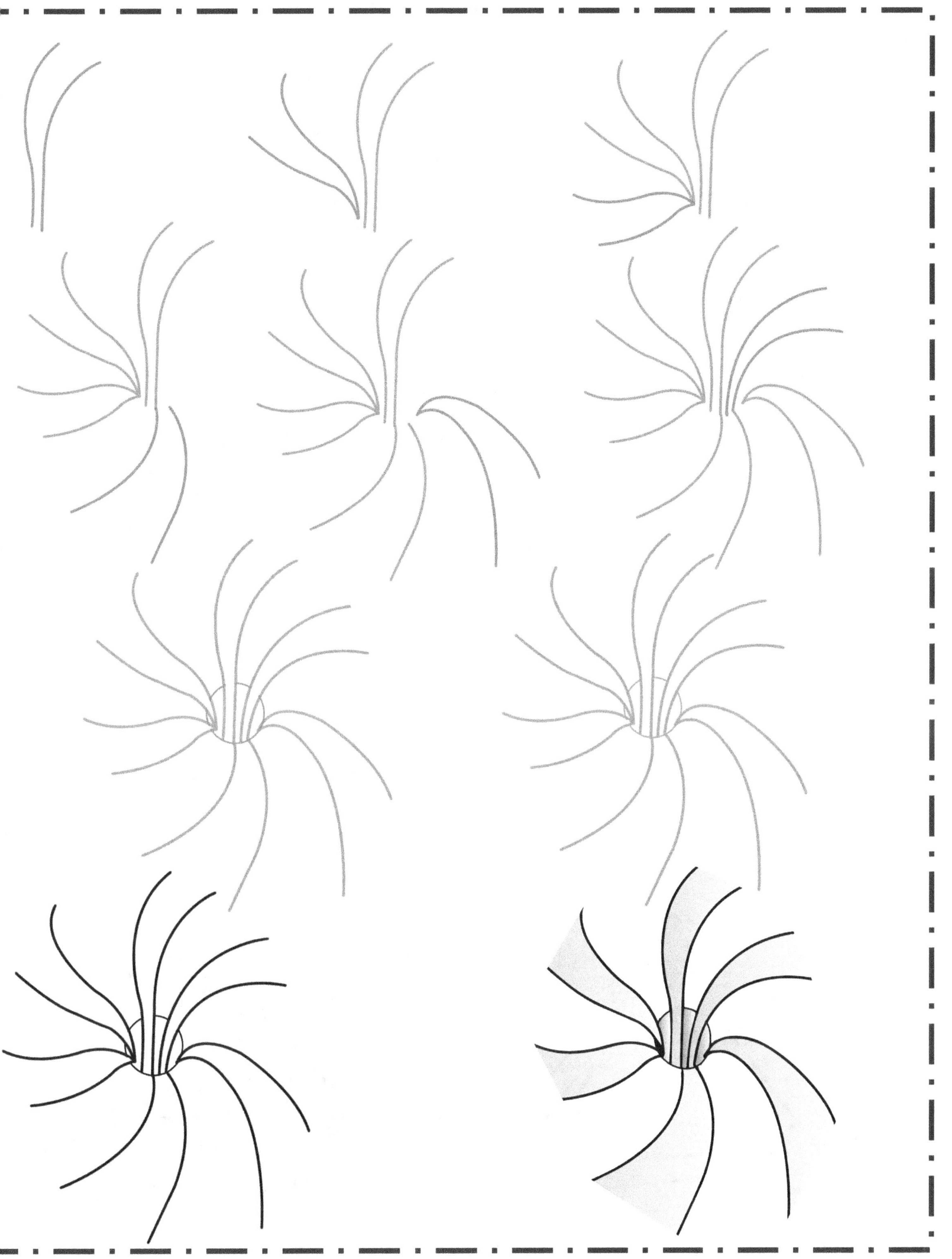

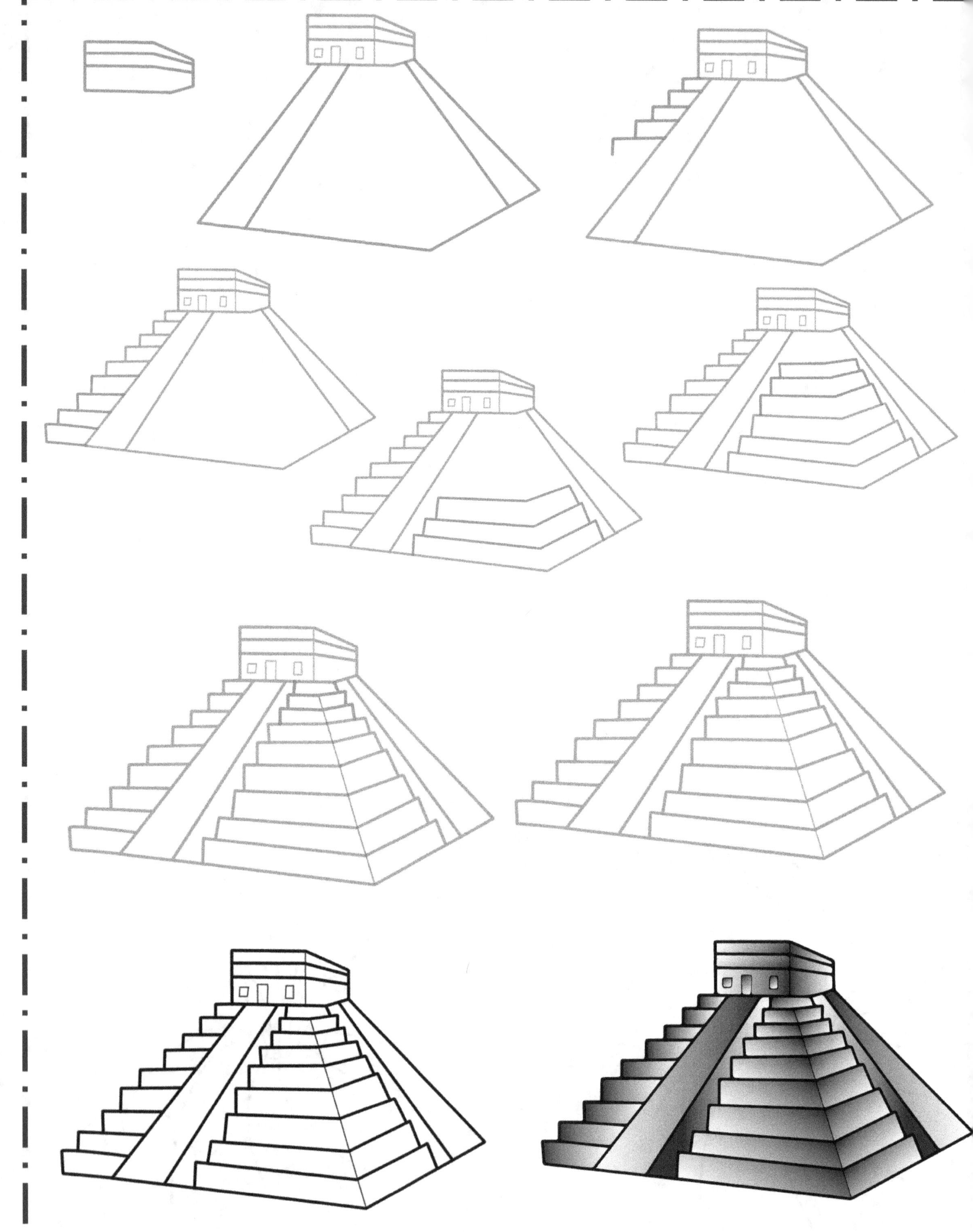

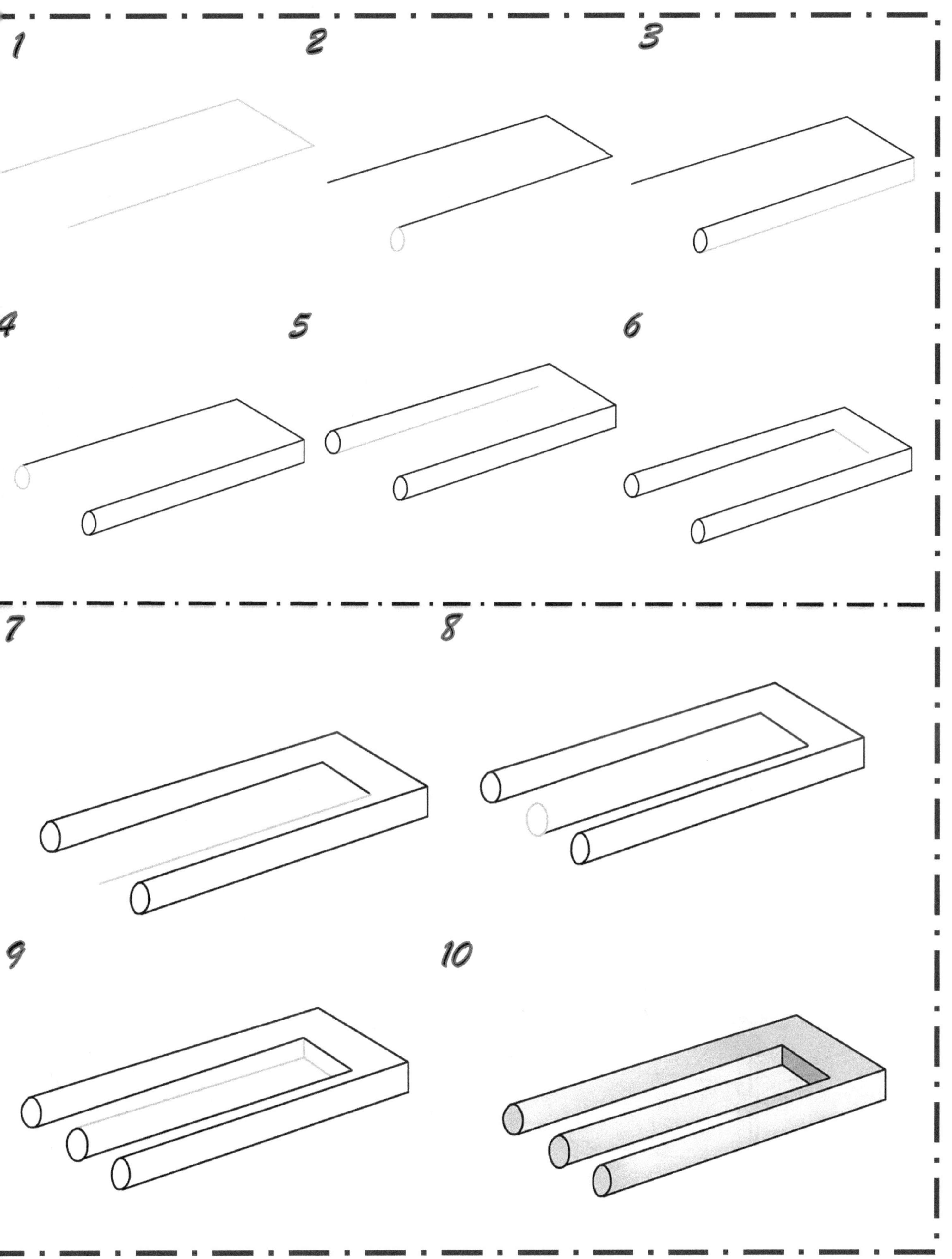
1
2
3
4
5
6
7
8
9
10

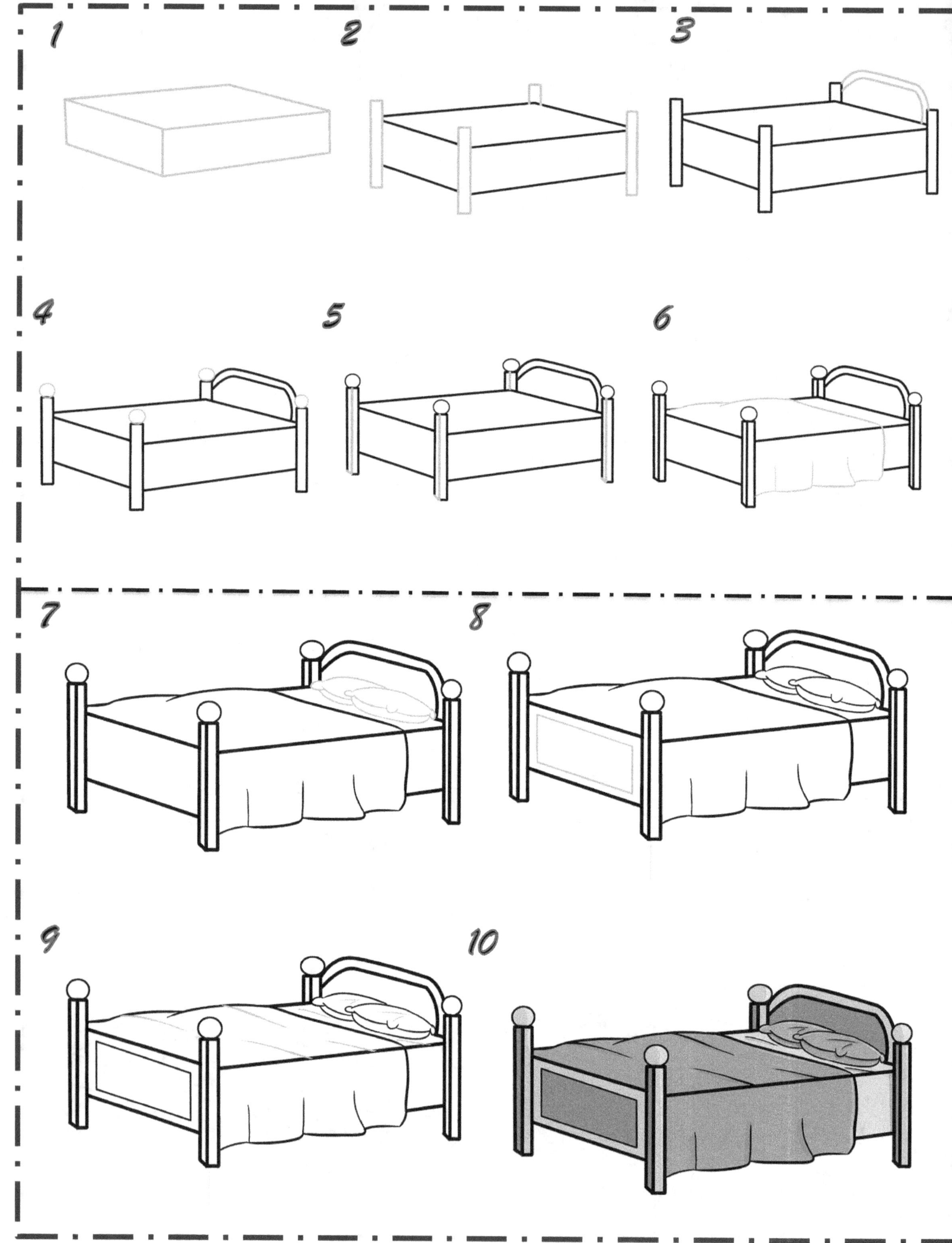

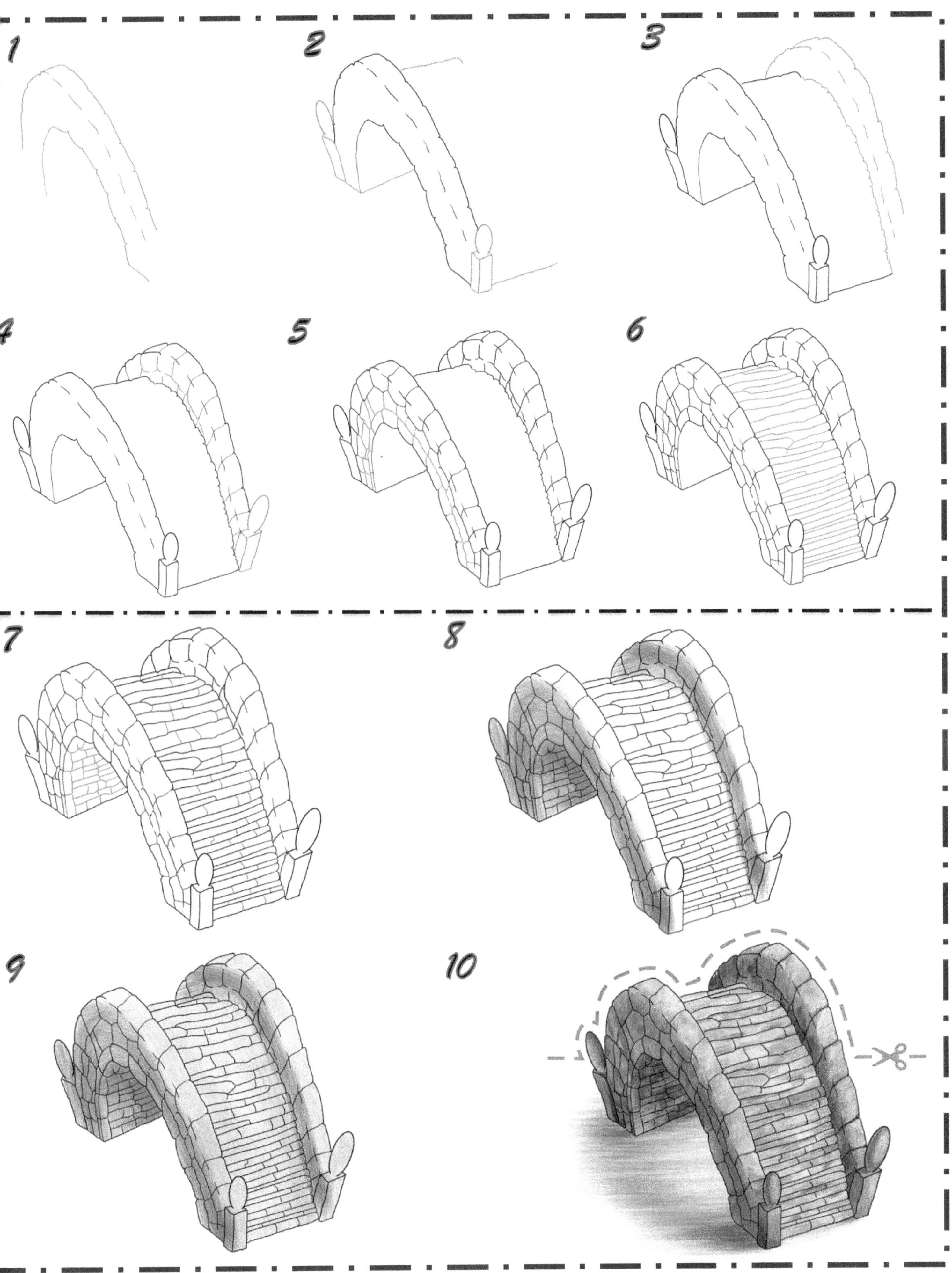

1

2

3

4

5

6

7

8

9

10

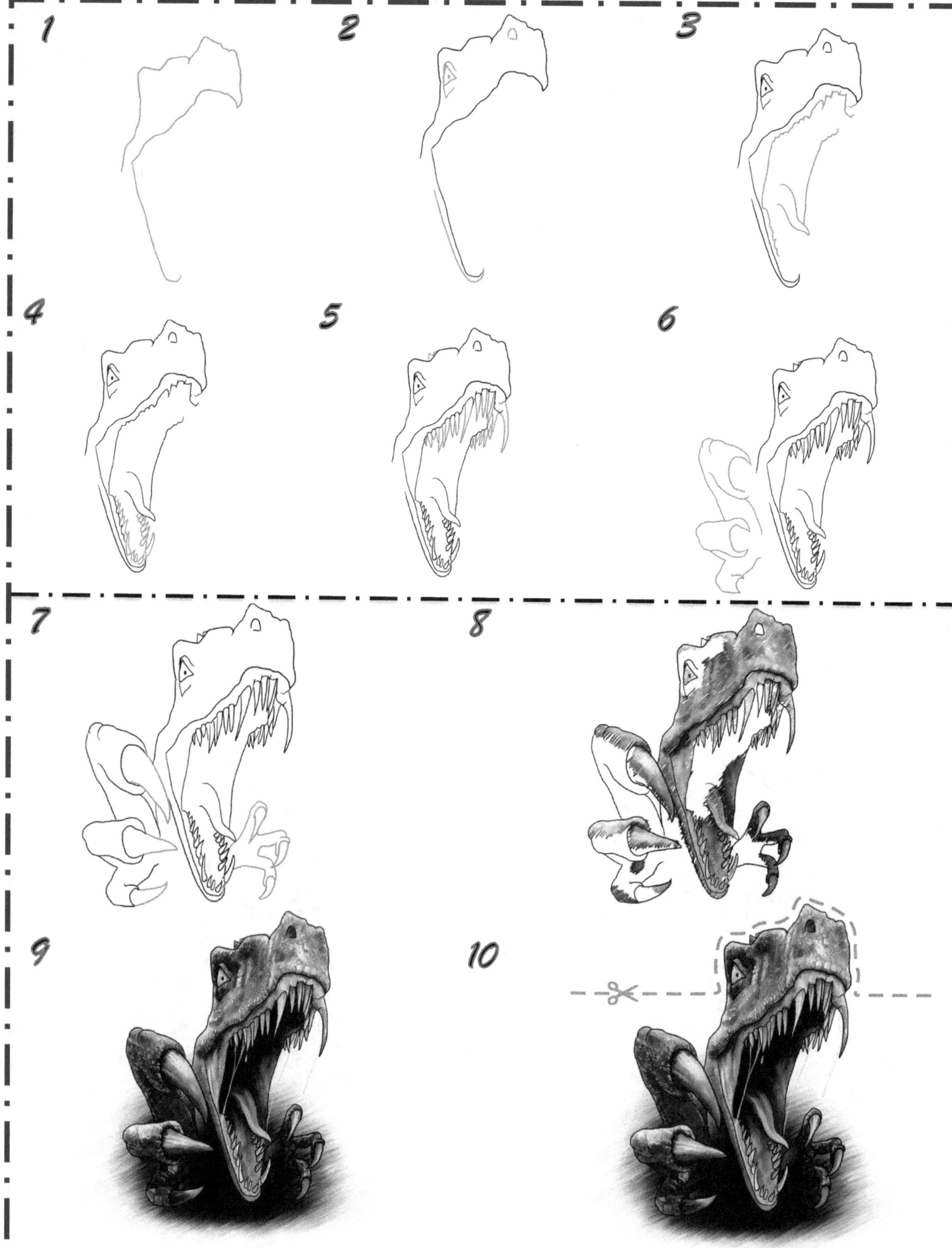

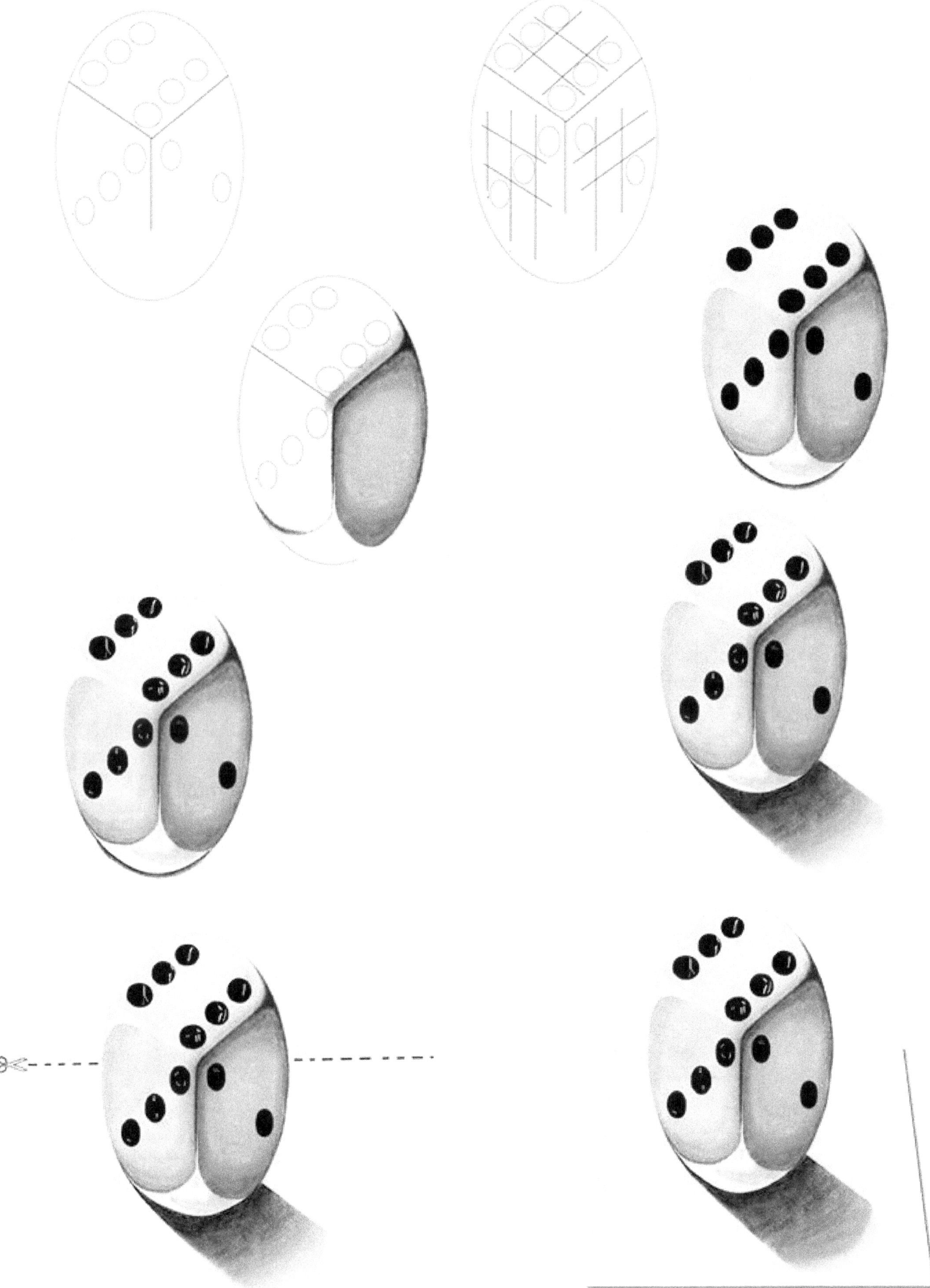

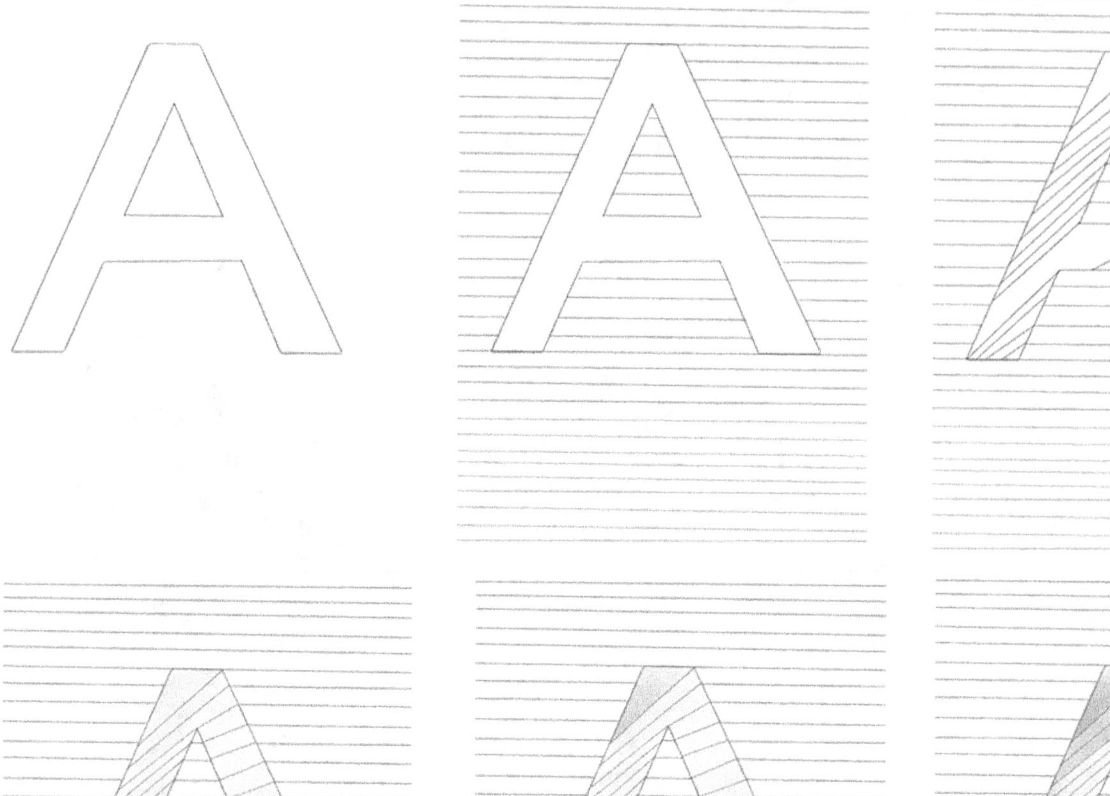

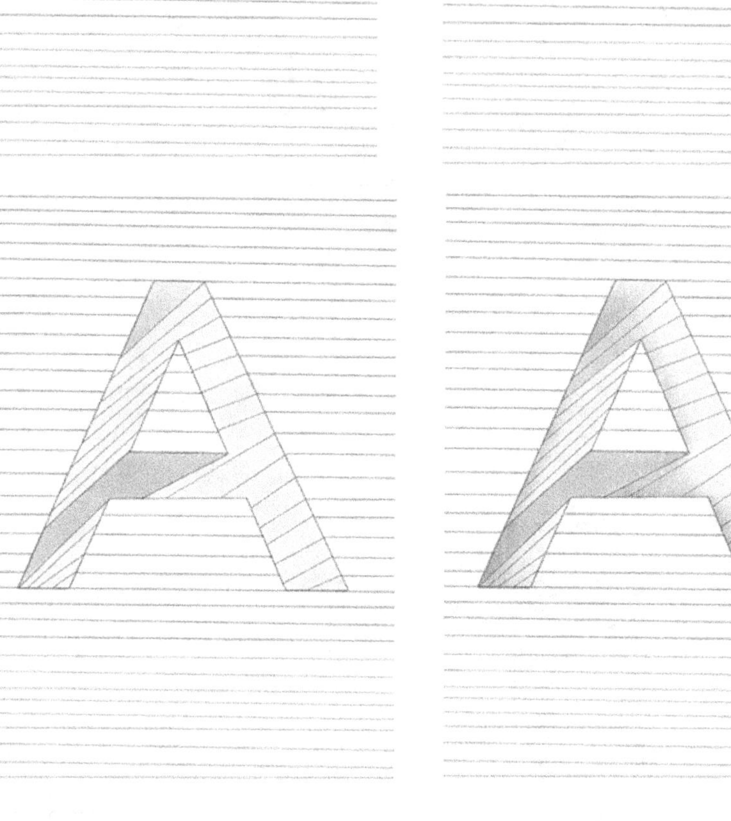

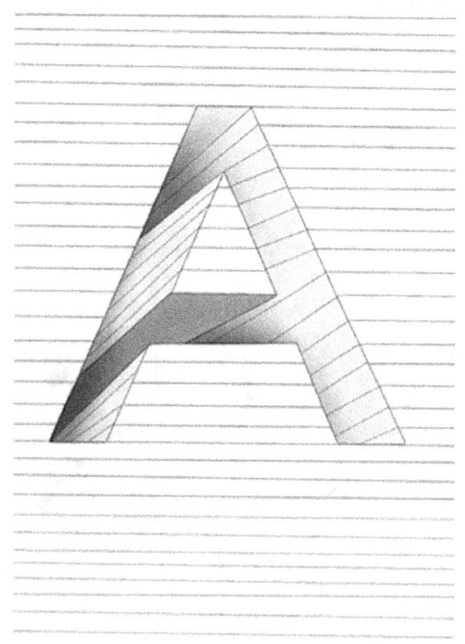

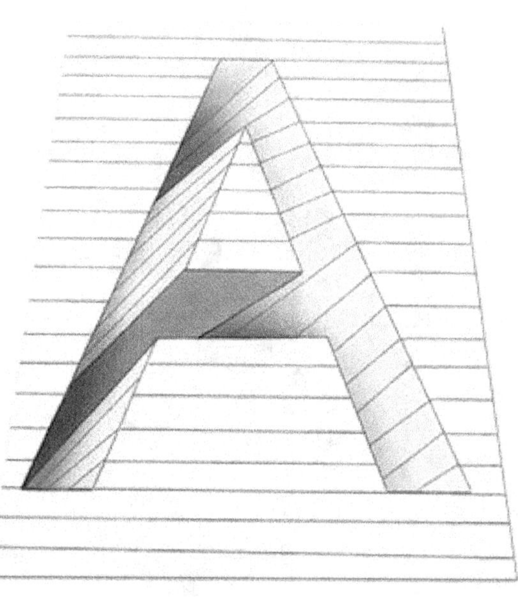

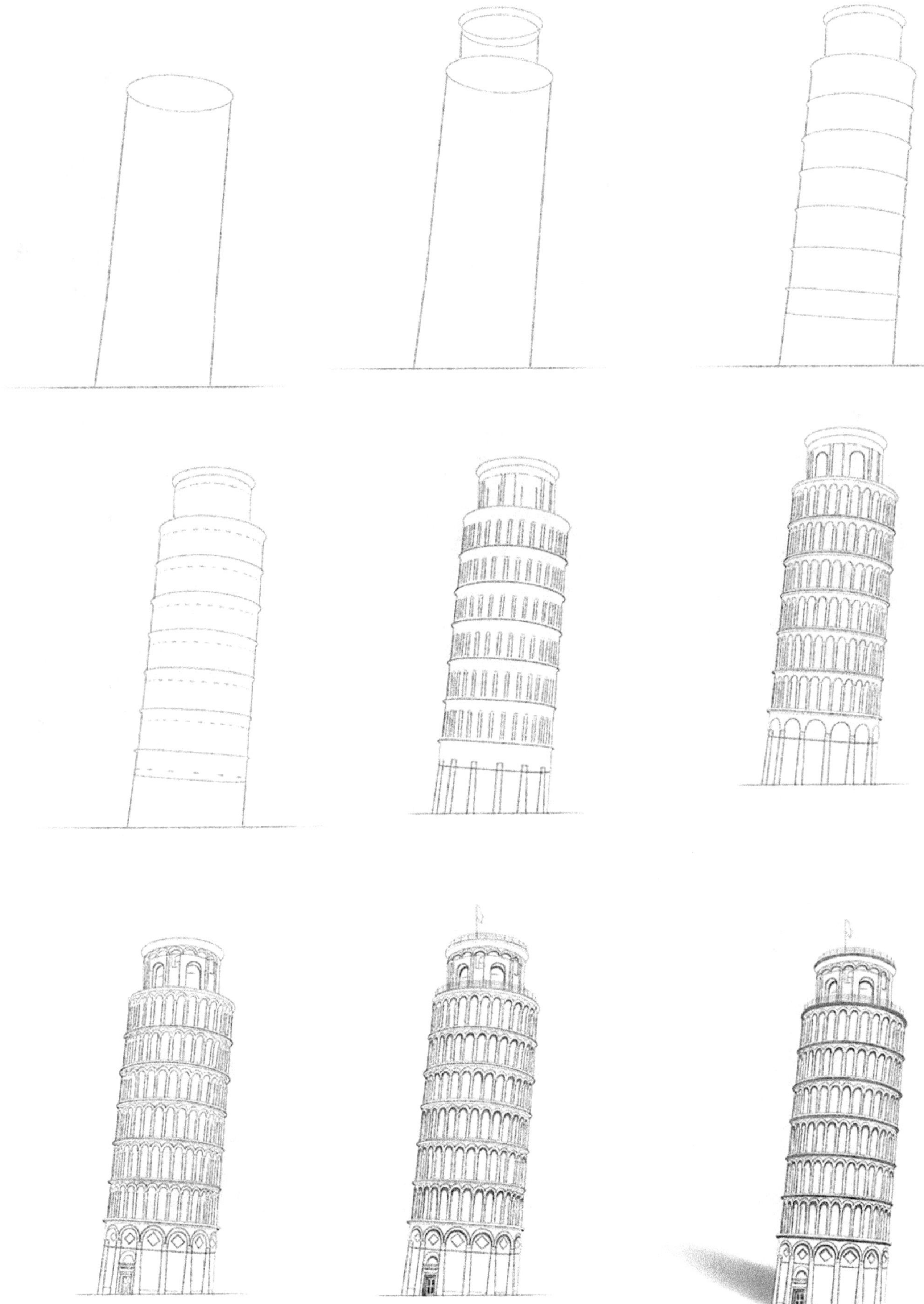

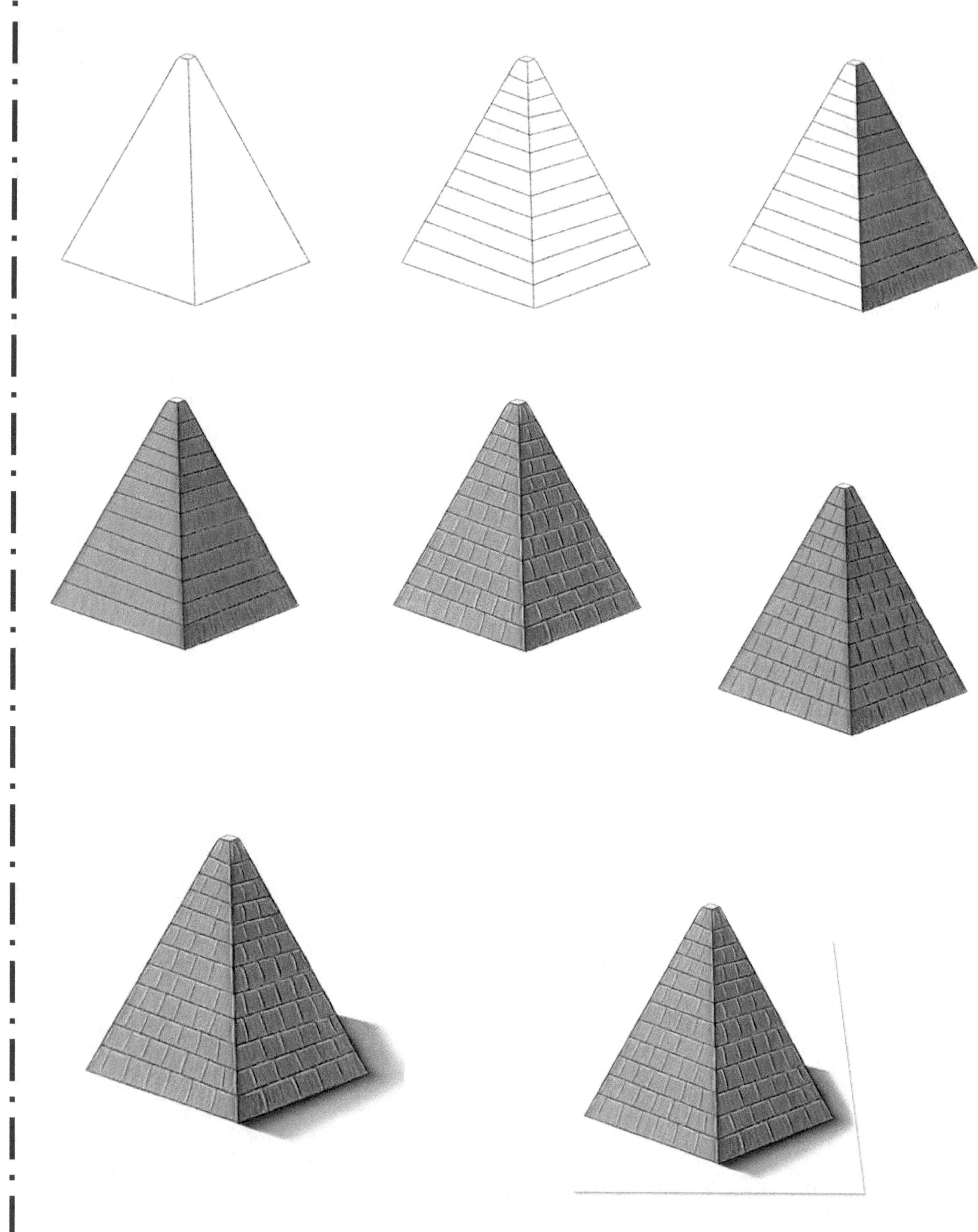

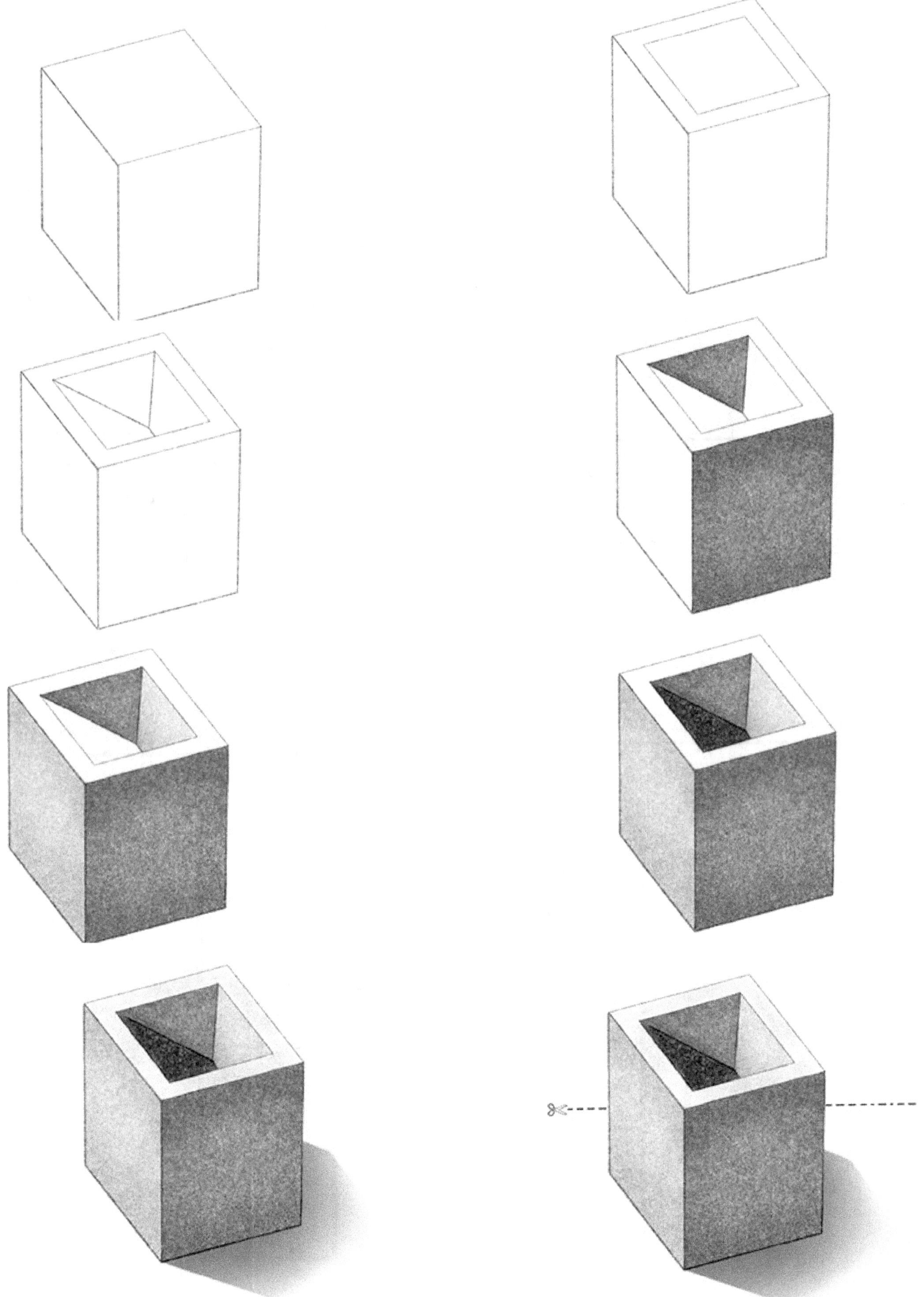

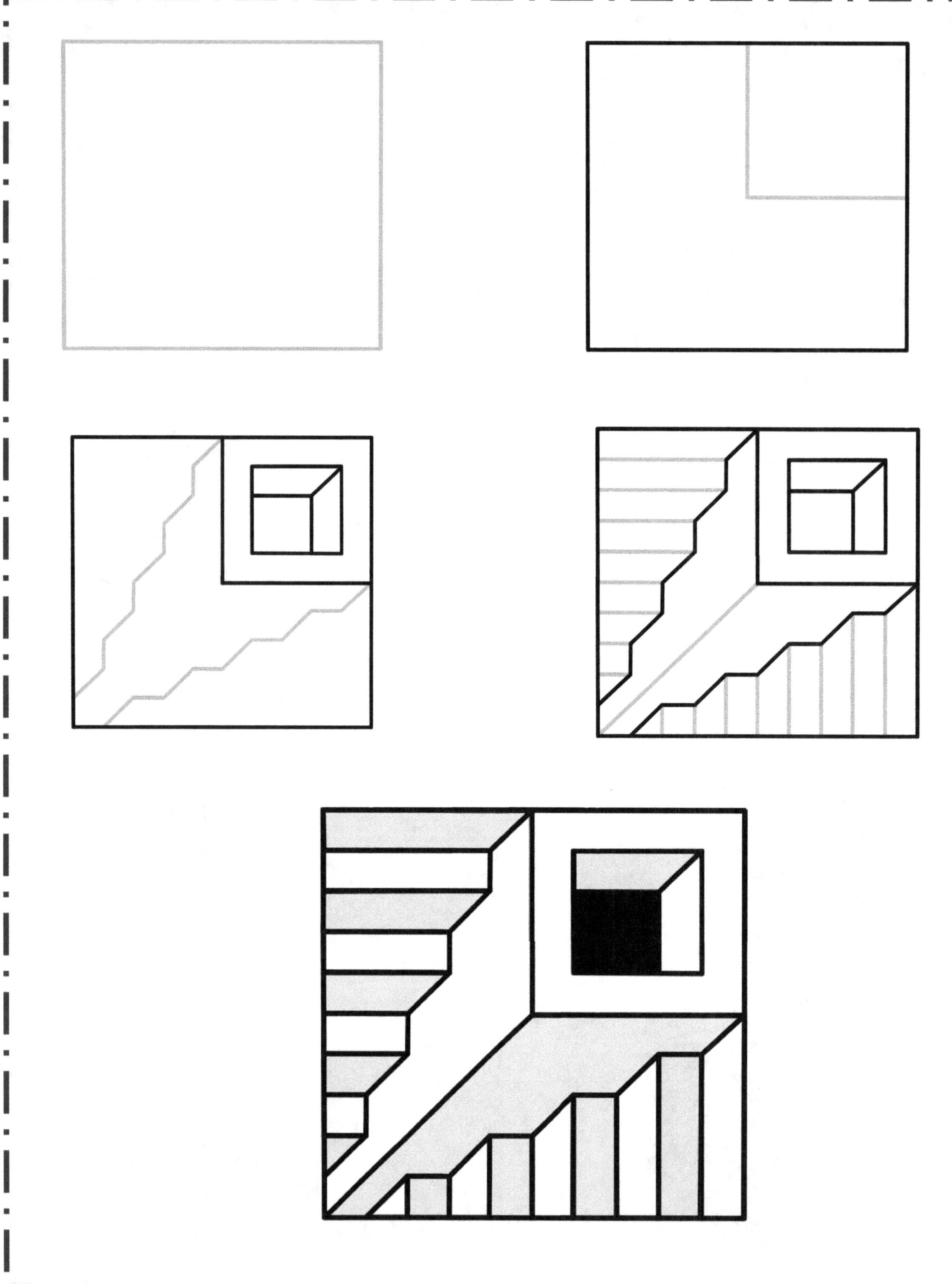

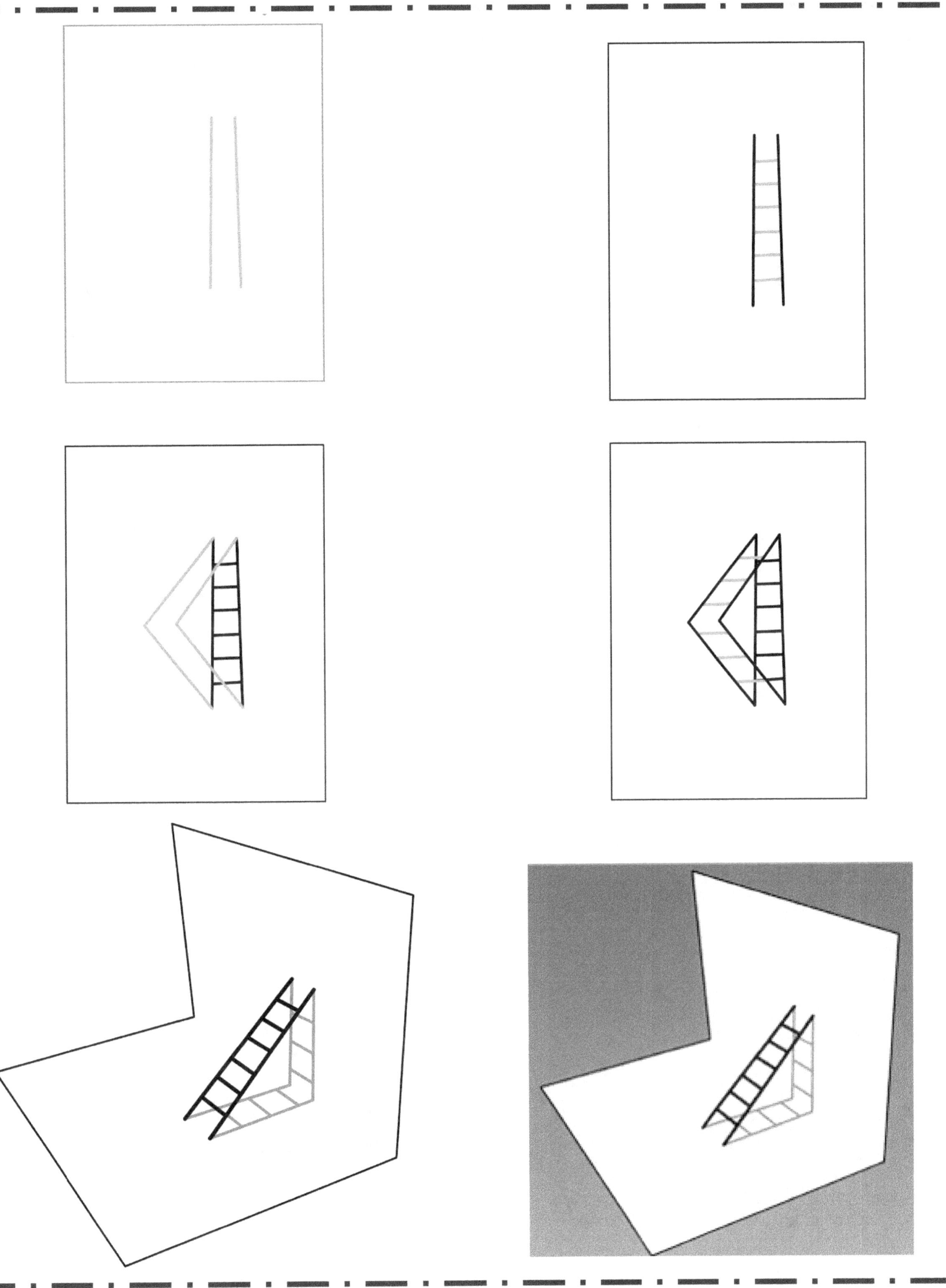

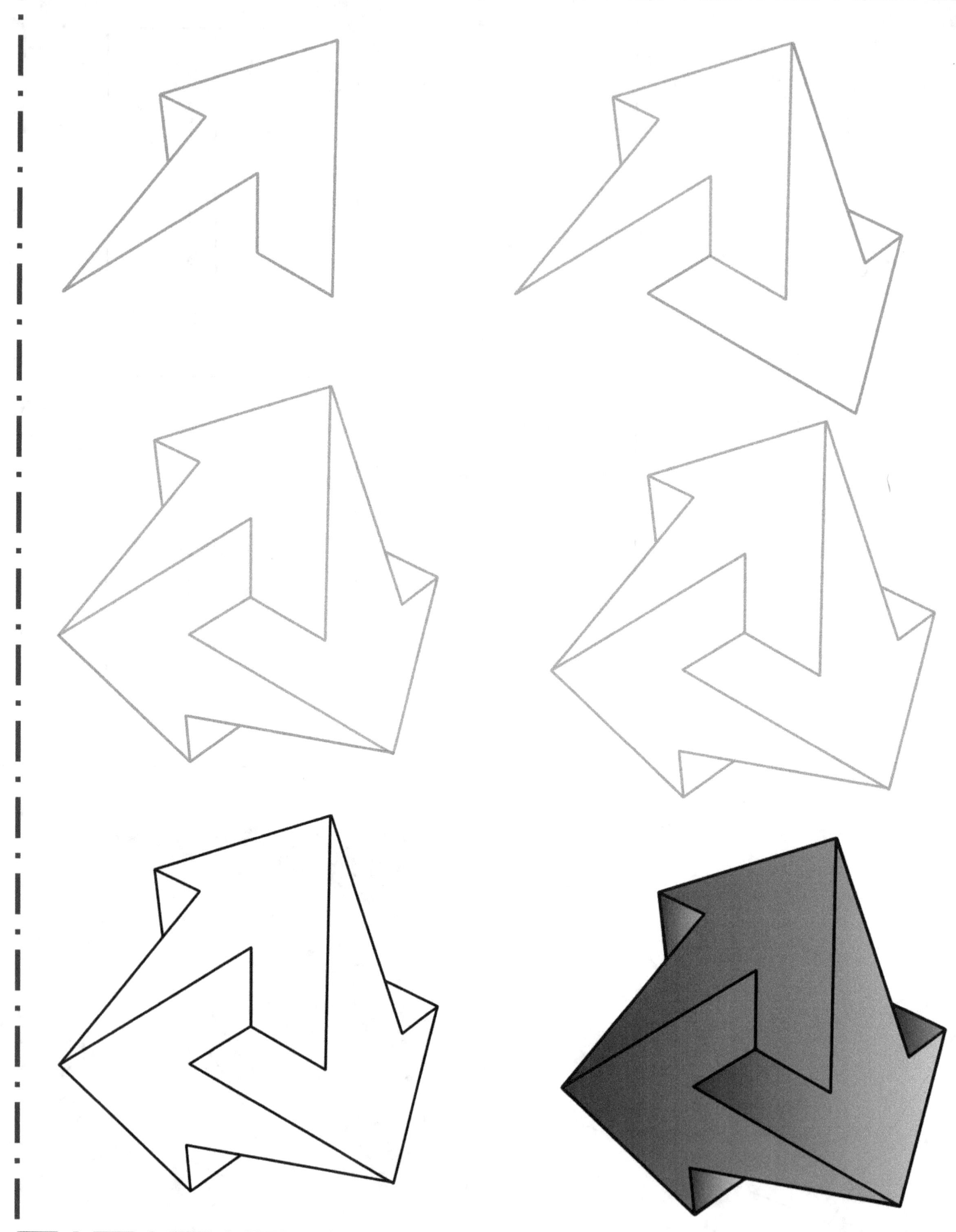

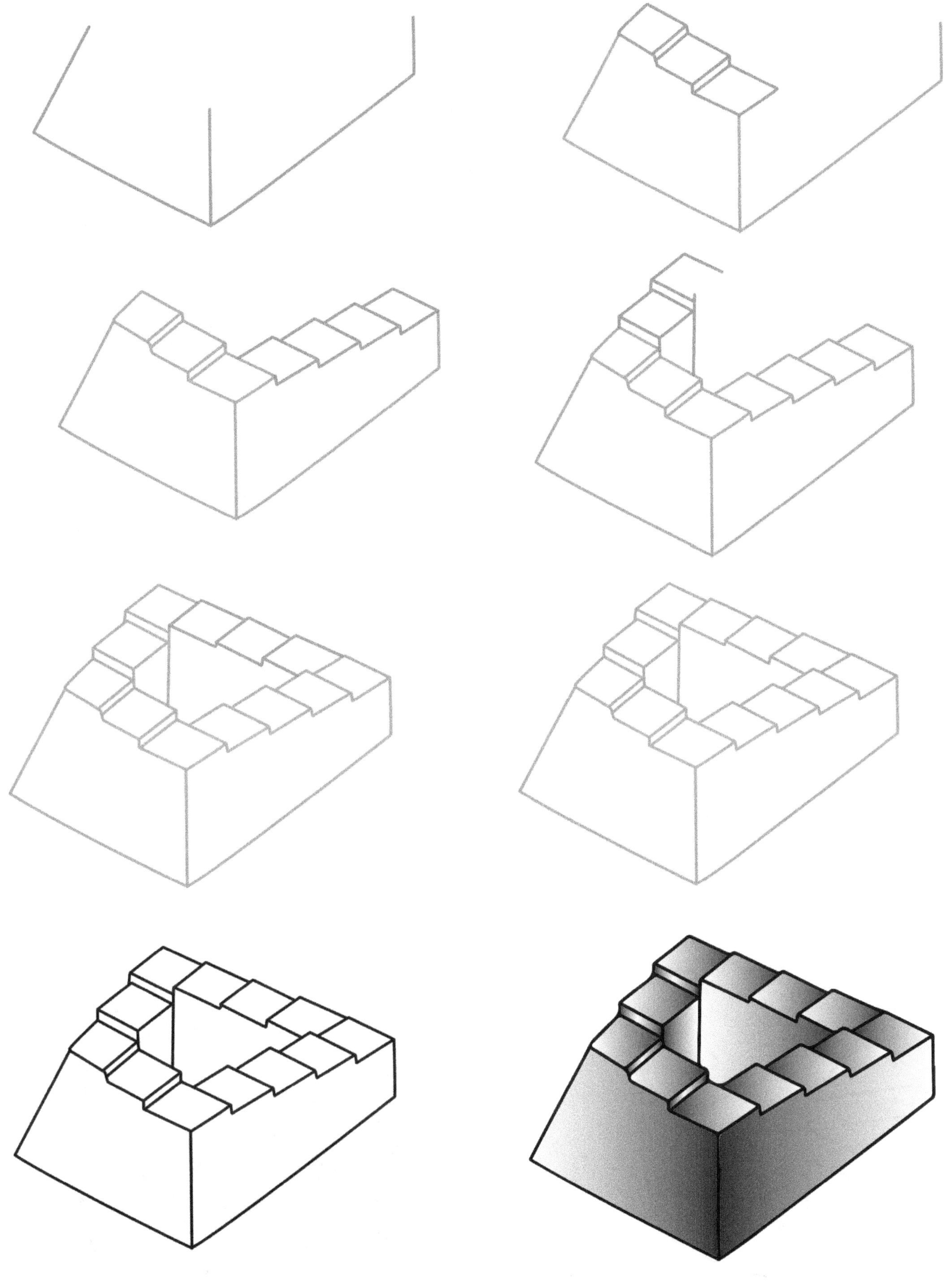

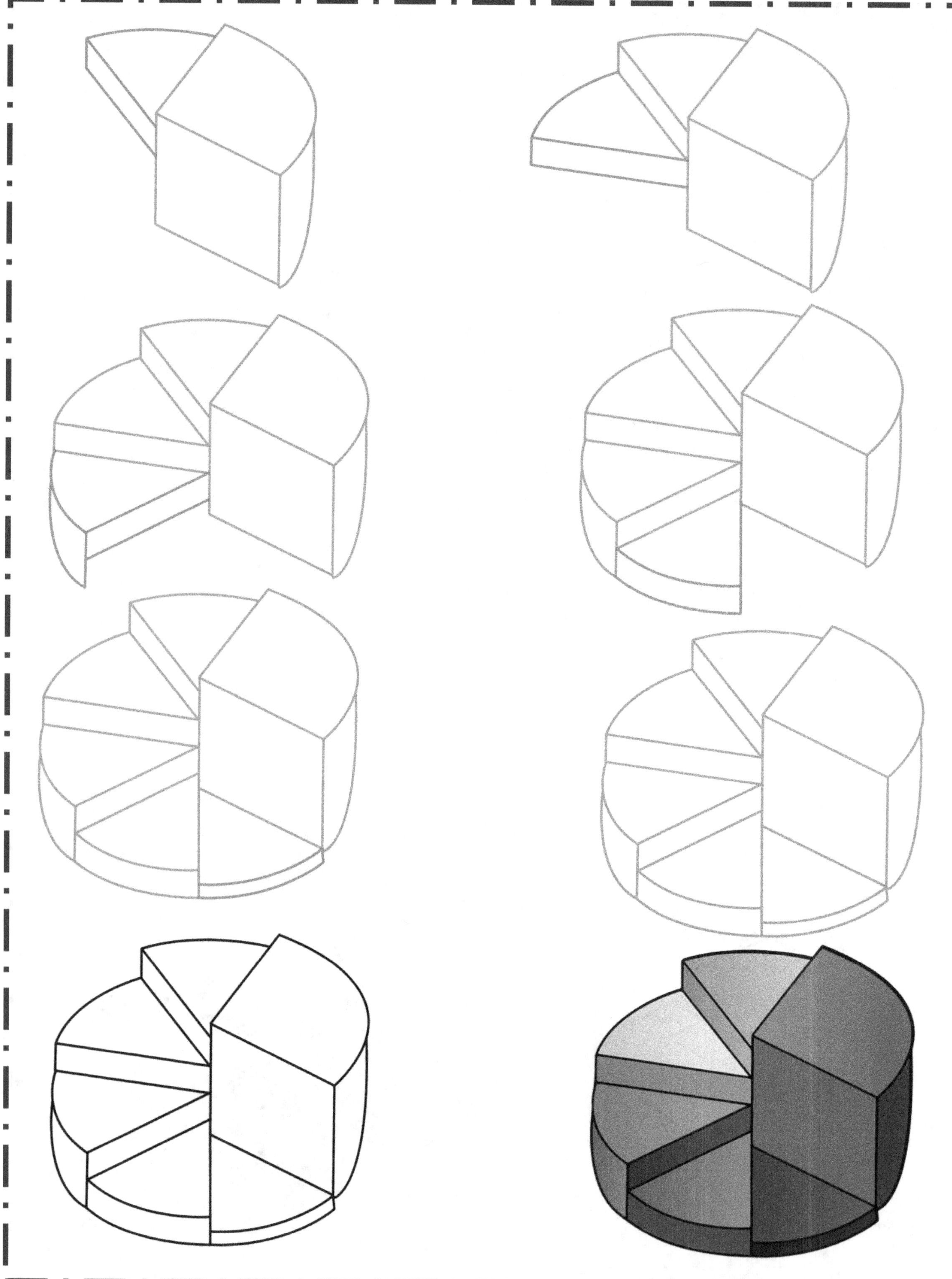

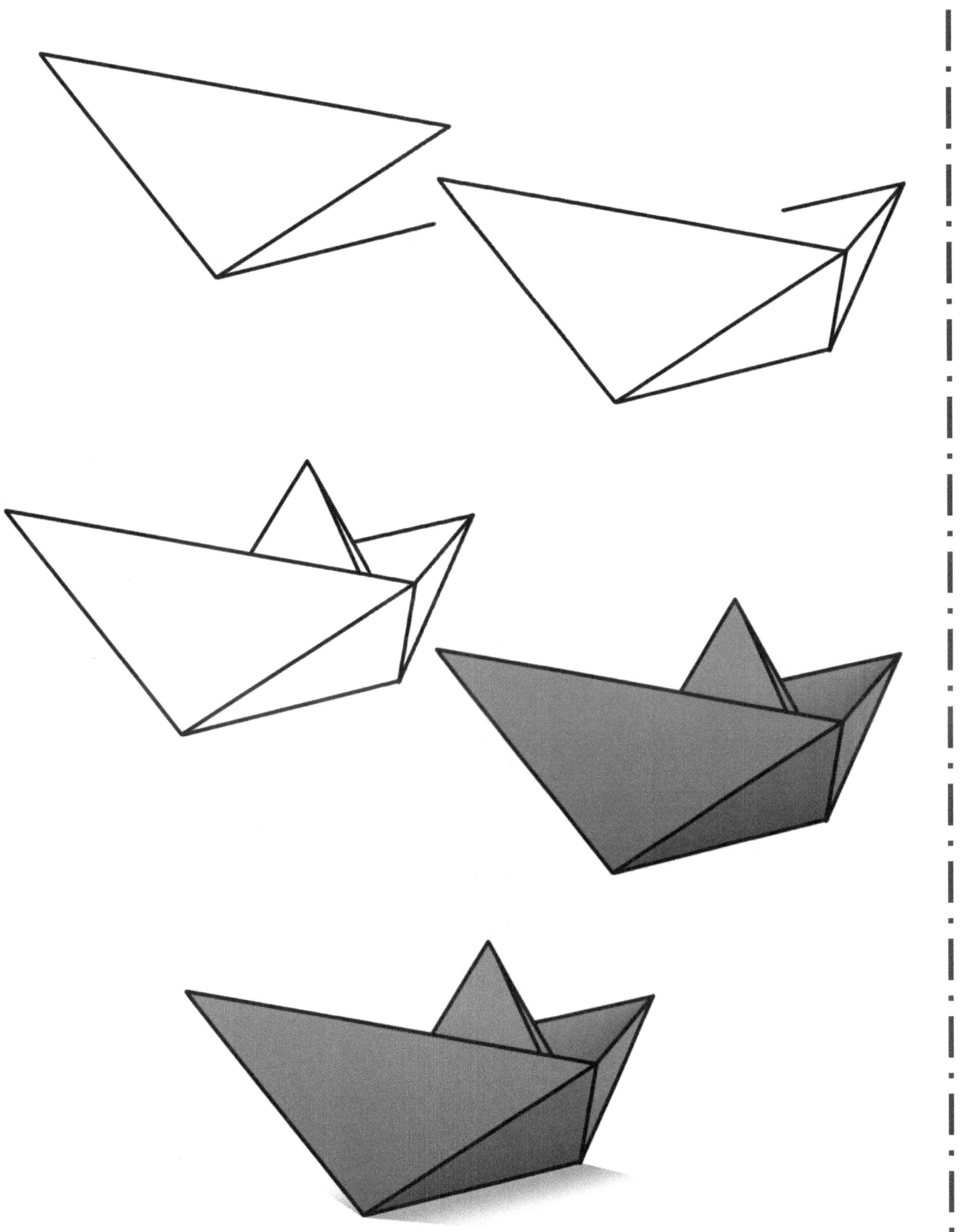

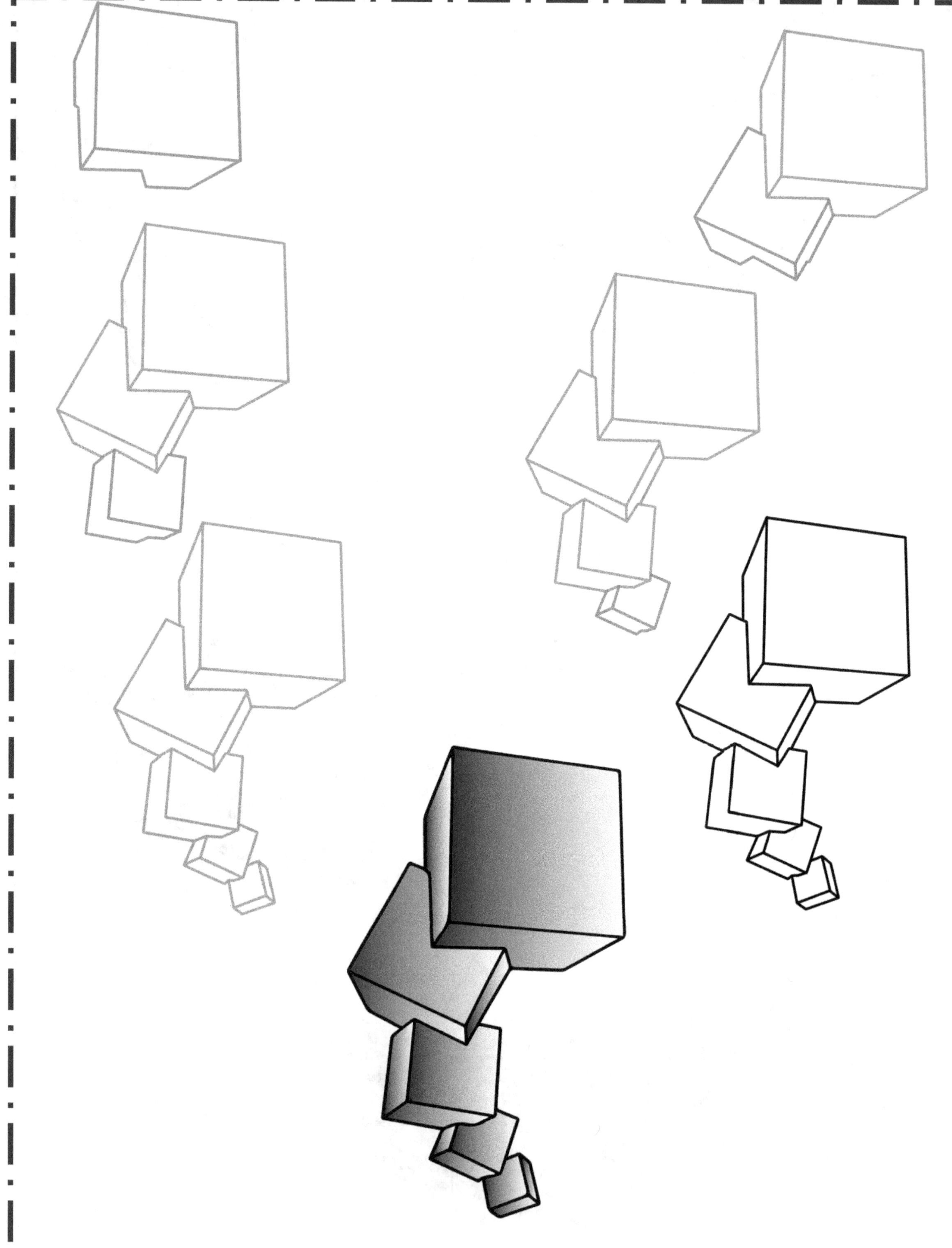

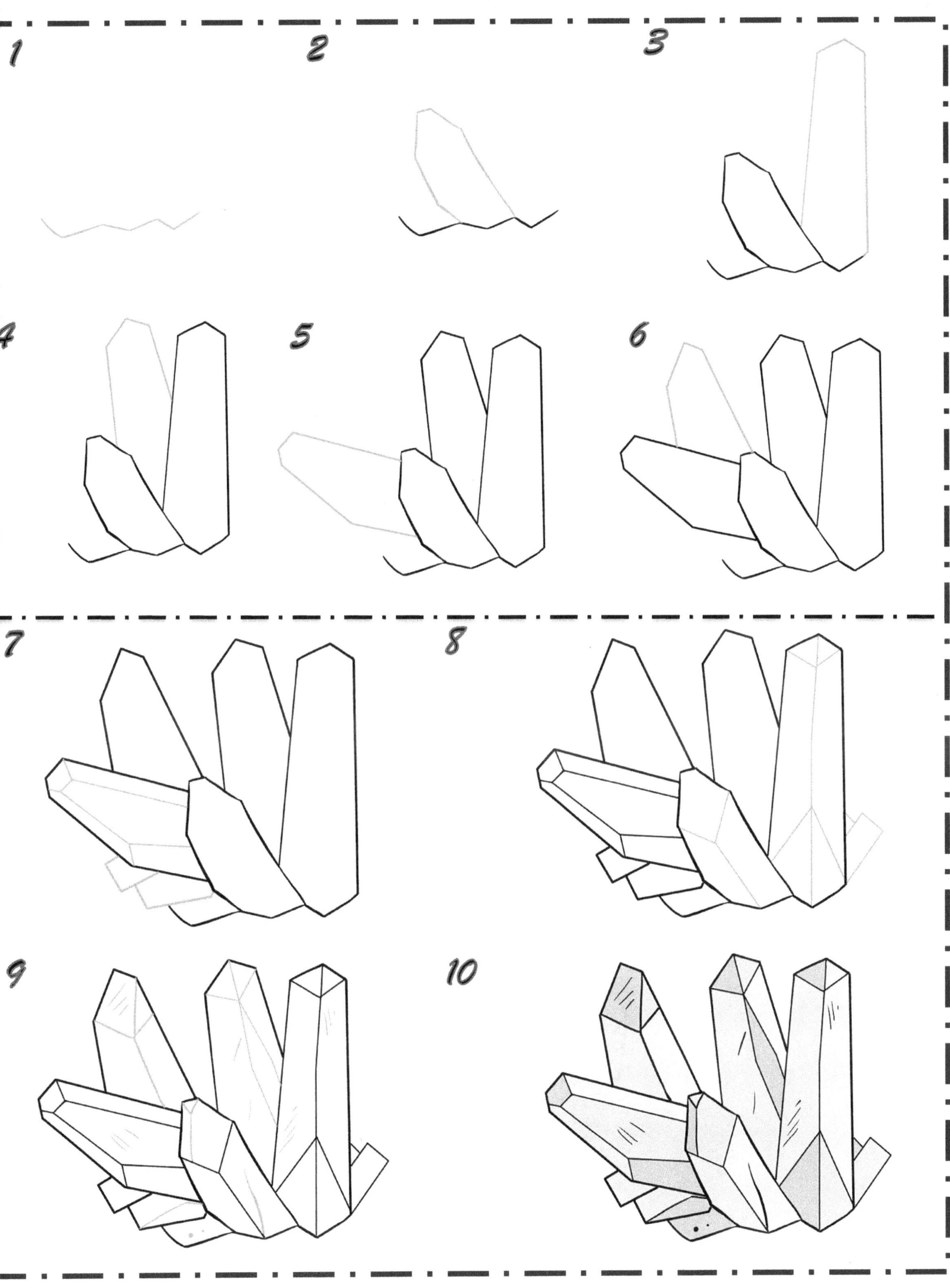

1
2
3
4
5
6
7
8
9
10

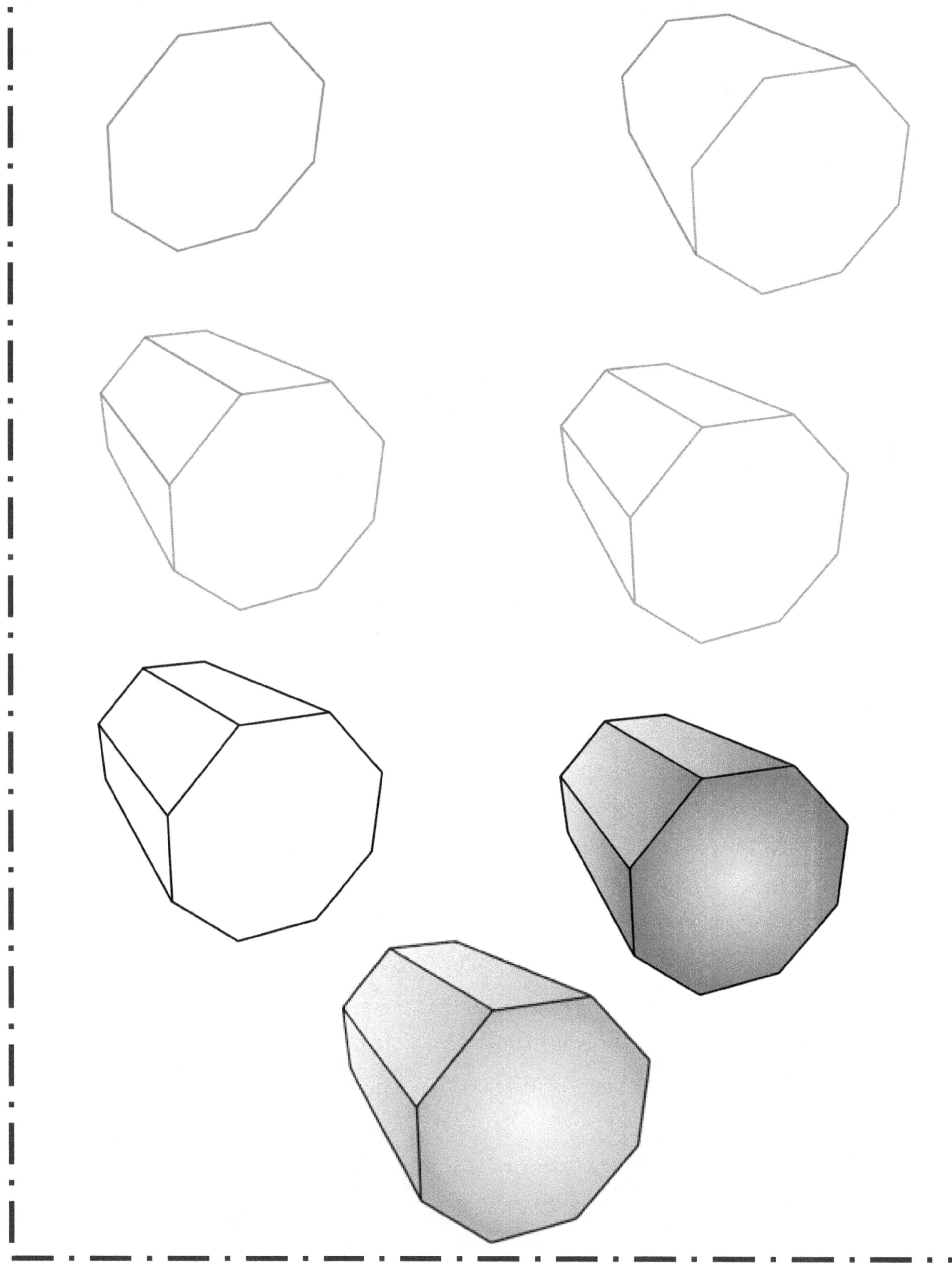

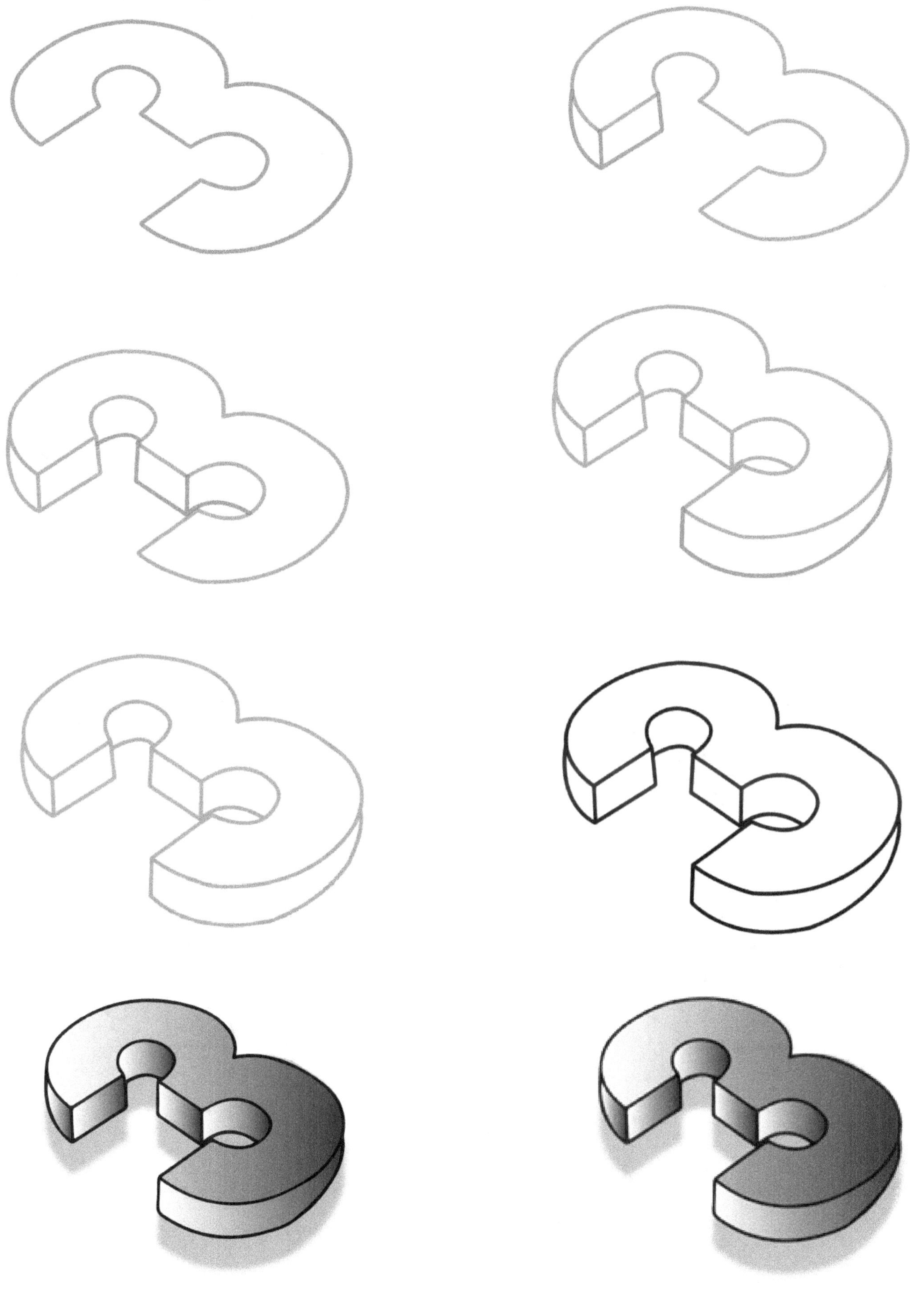

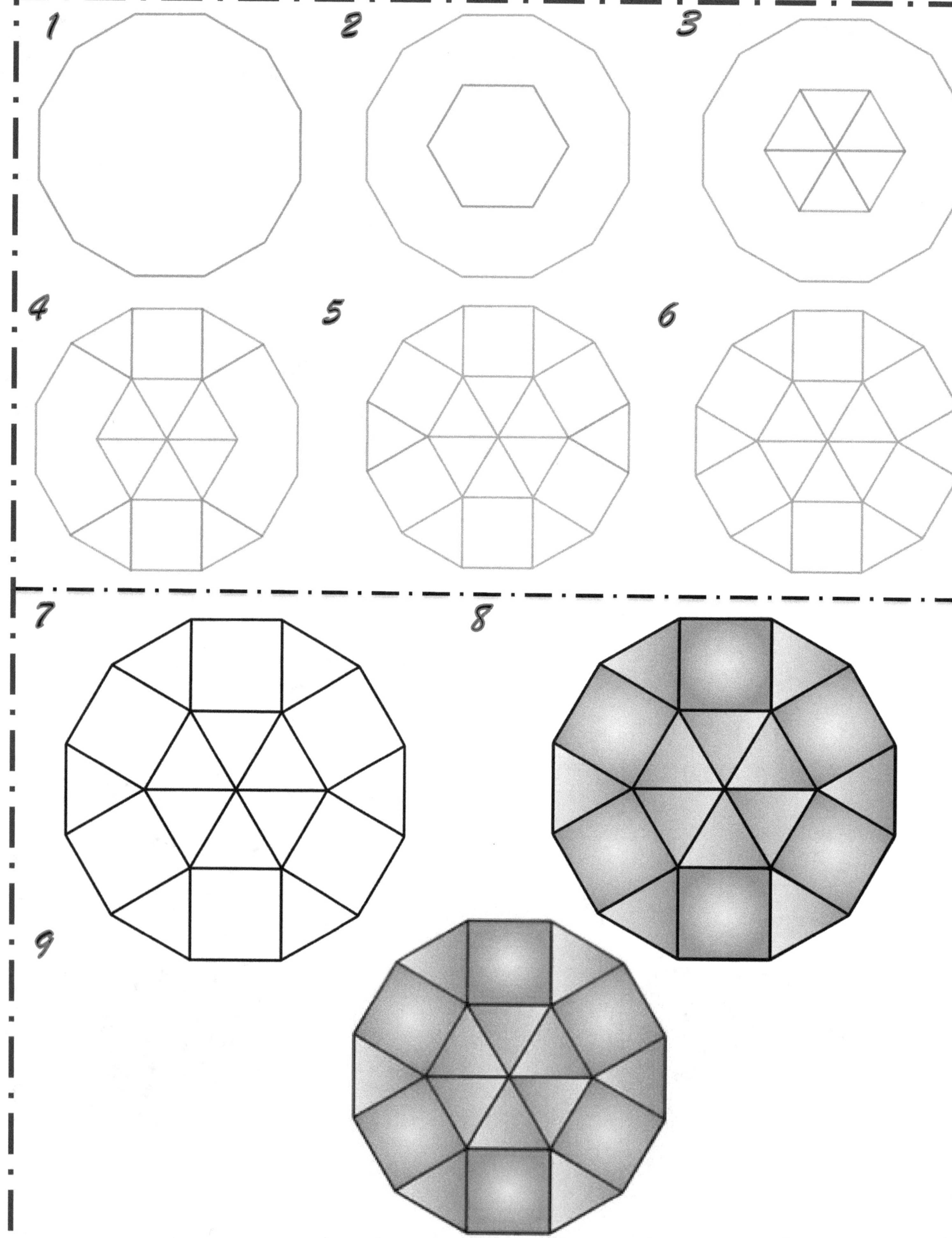

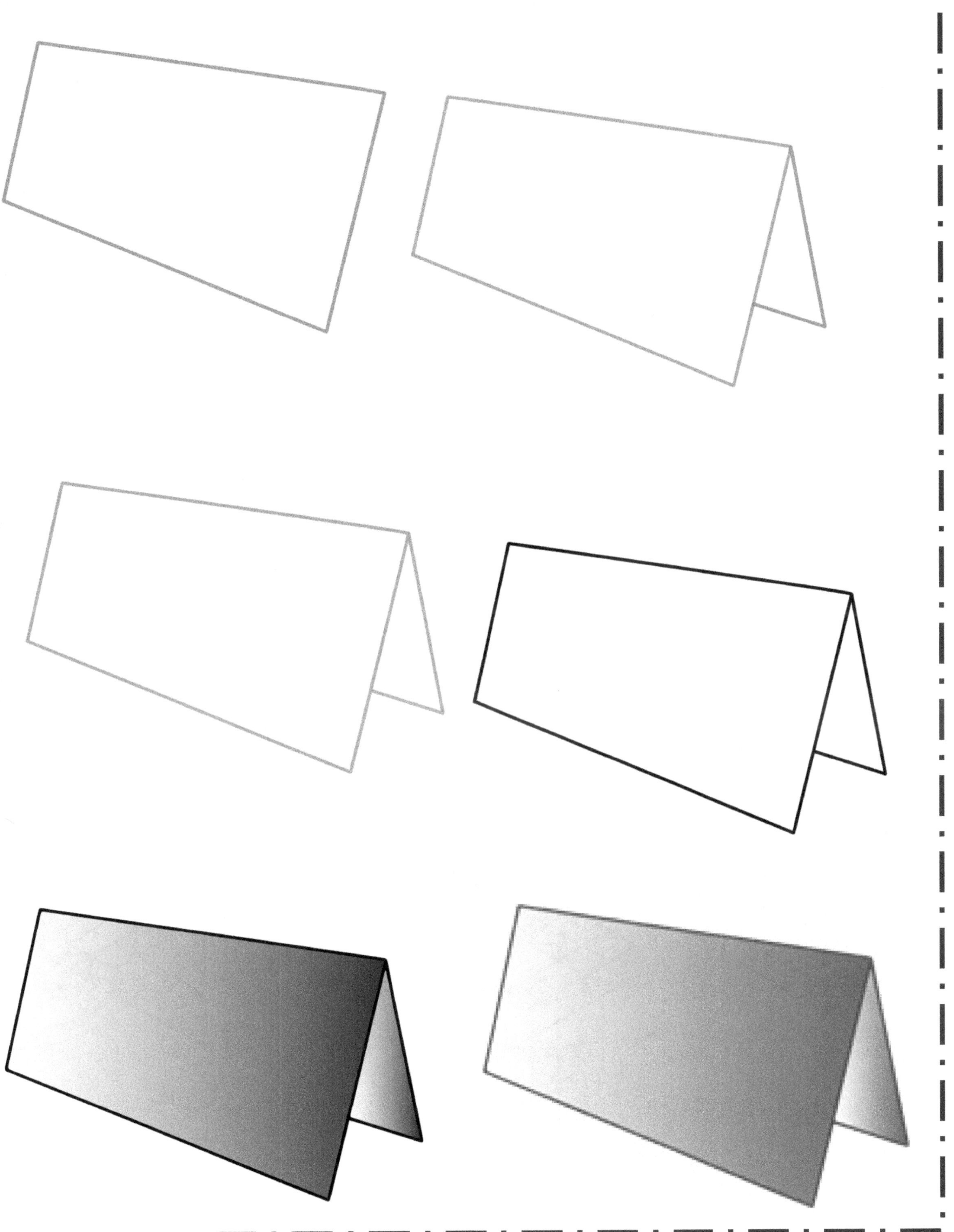

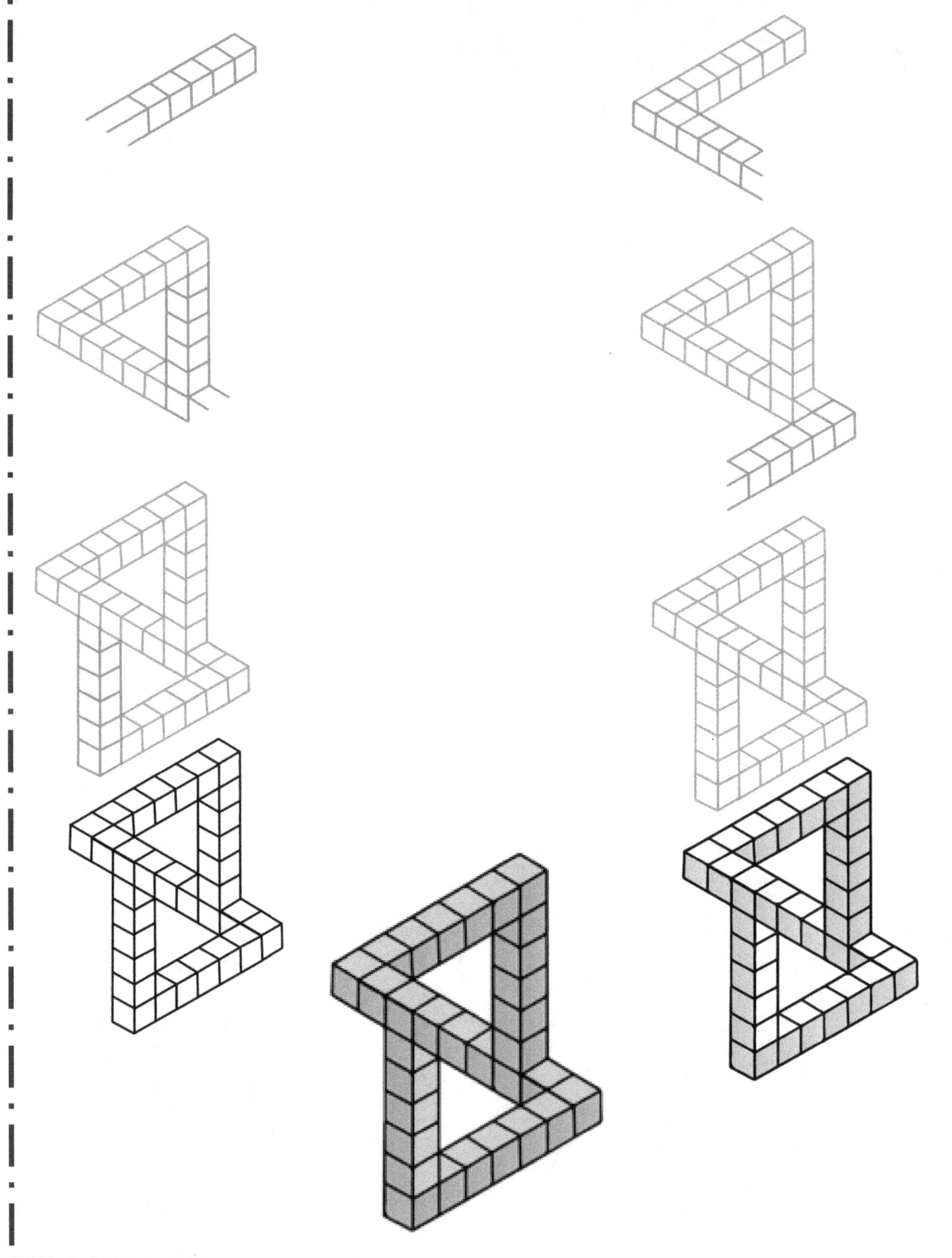

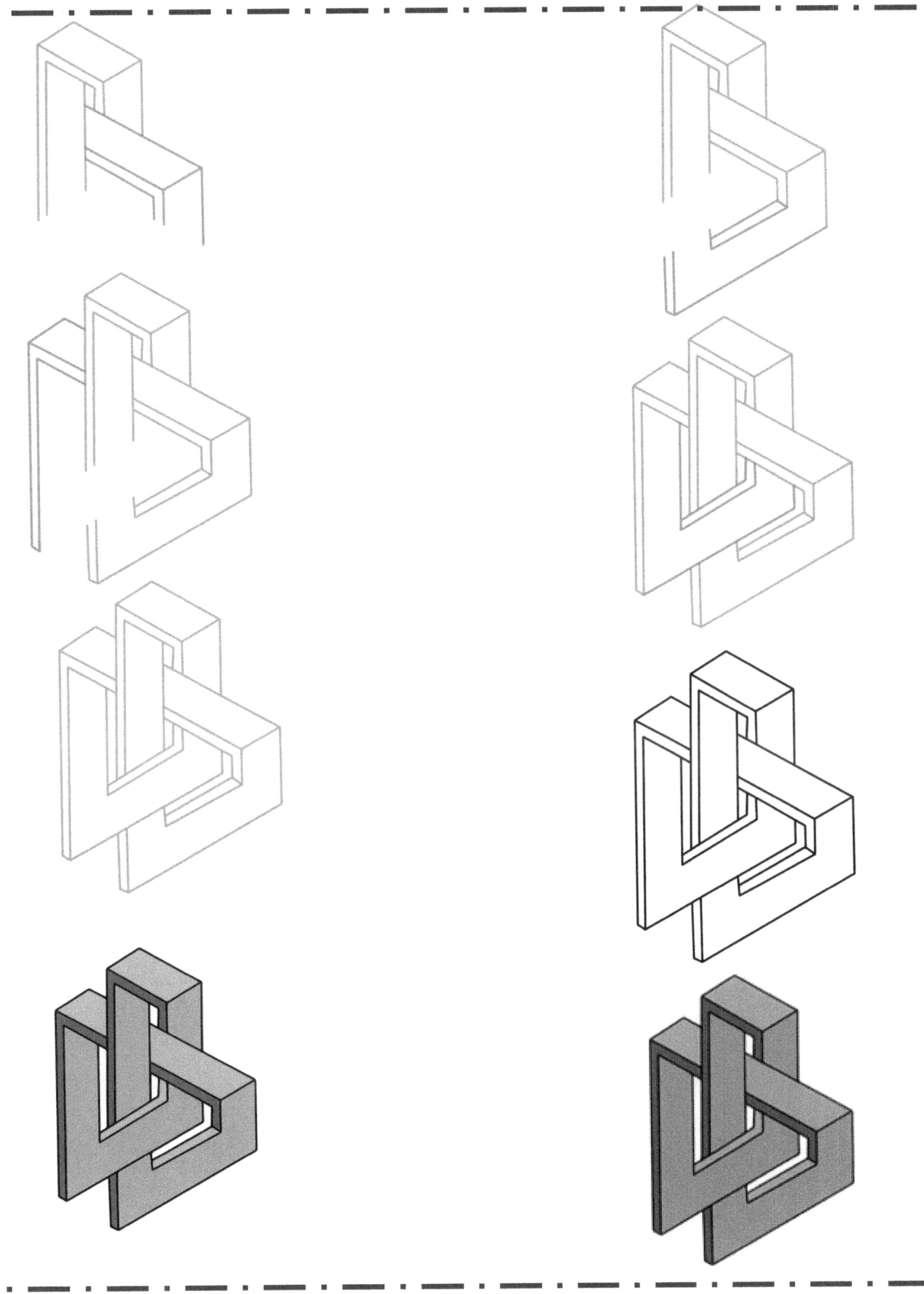

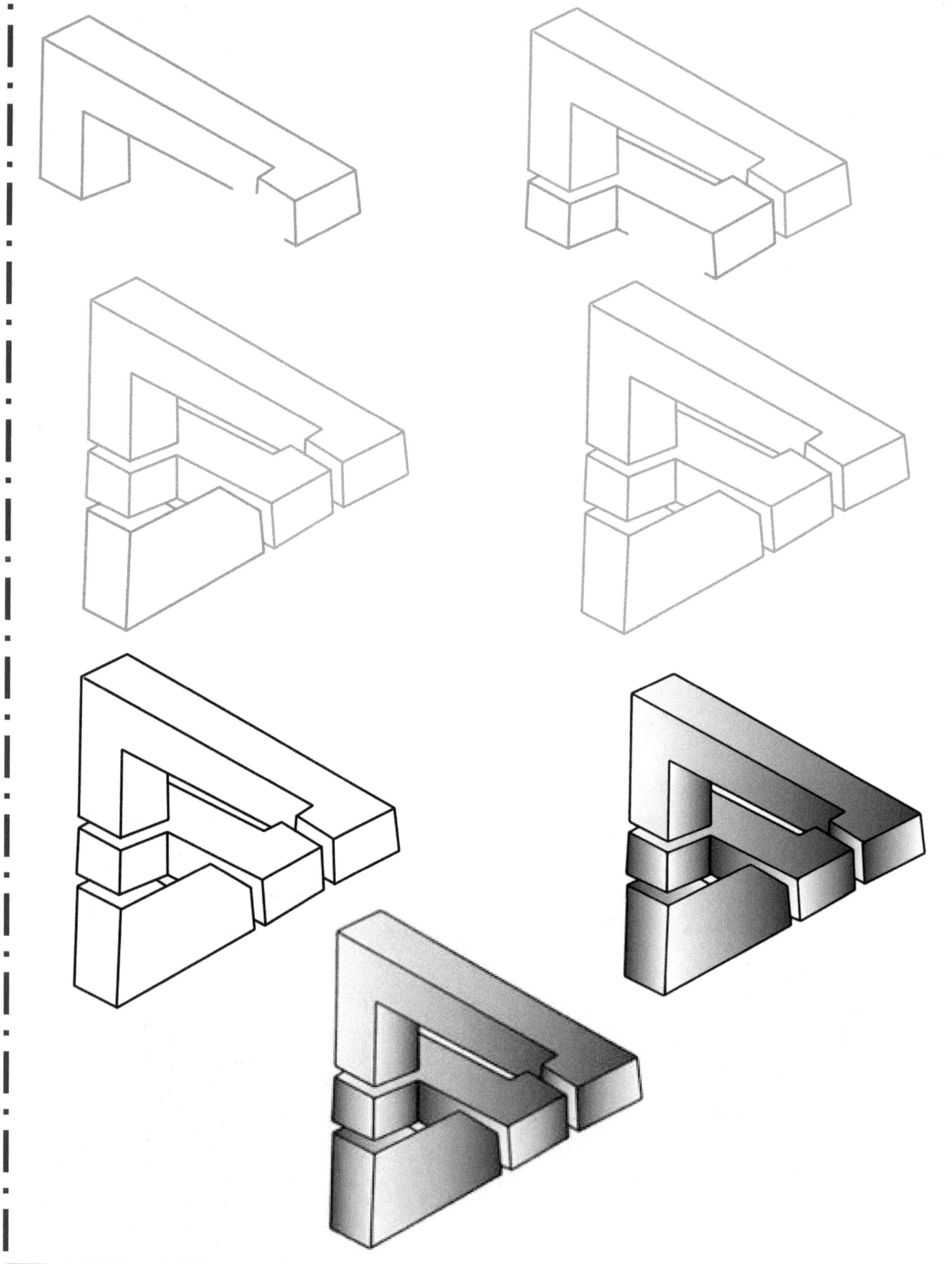

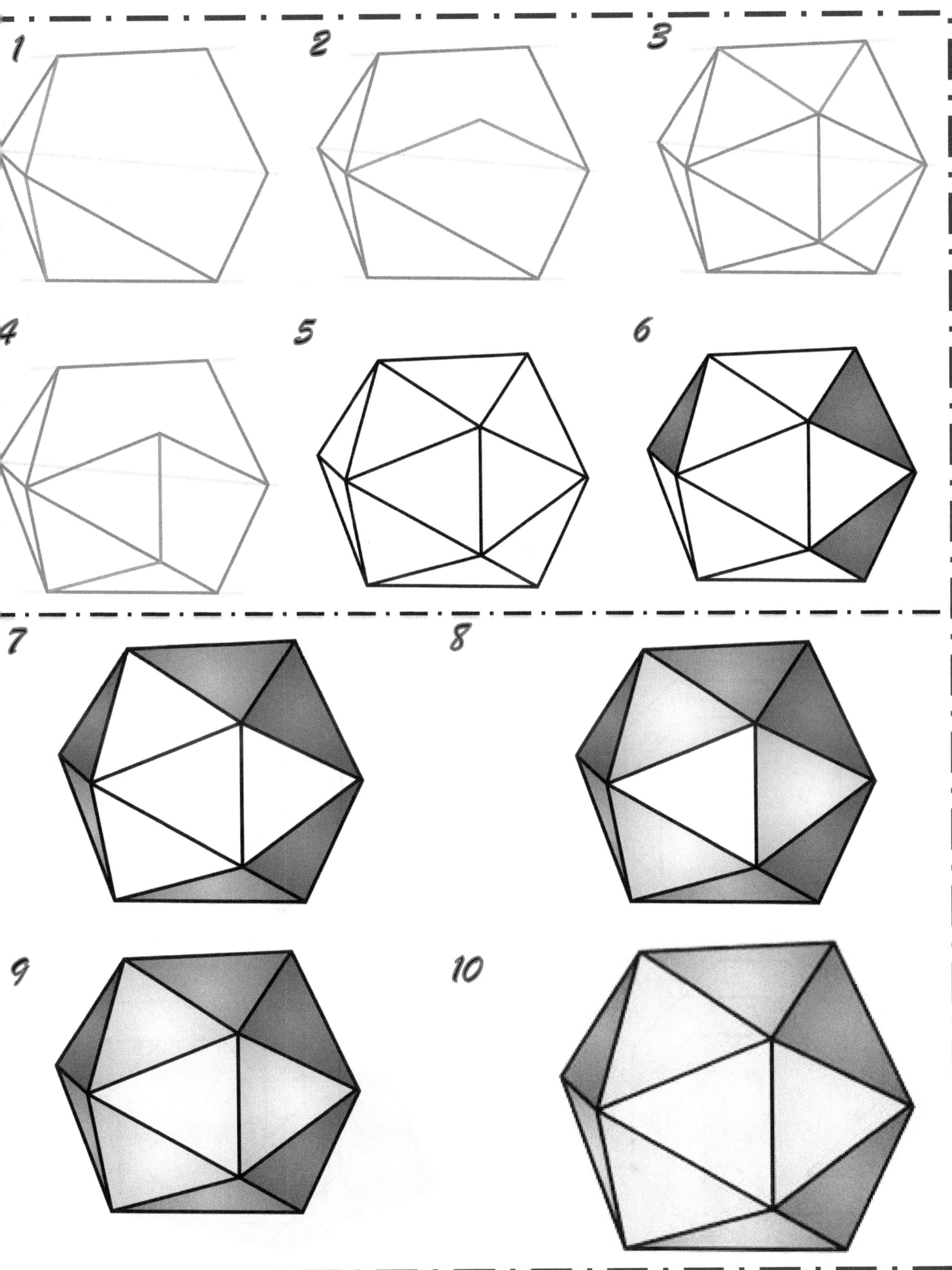

1
2
3
4
5
6
7
8
9
10

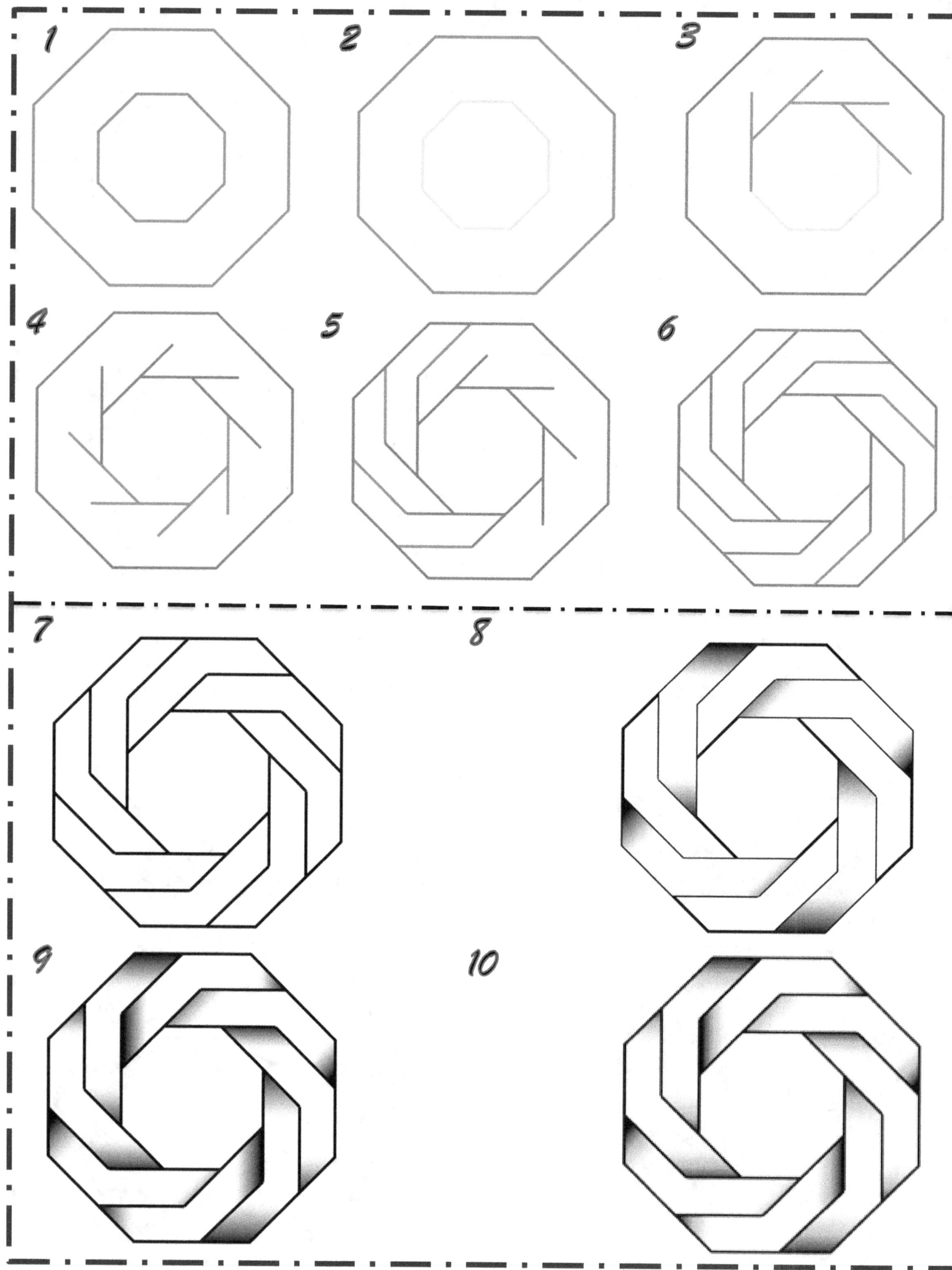

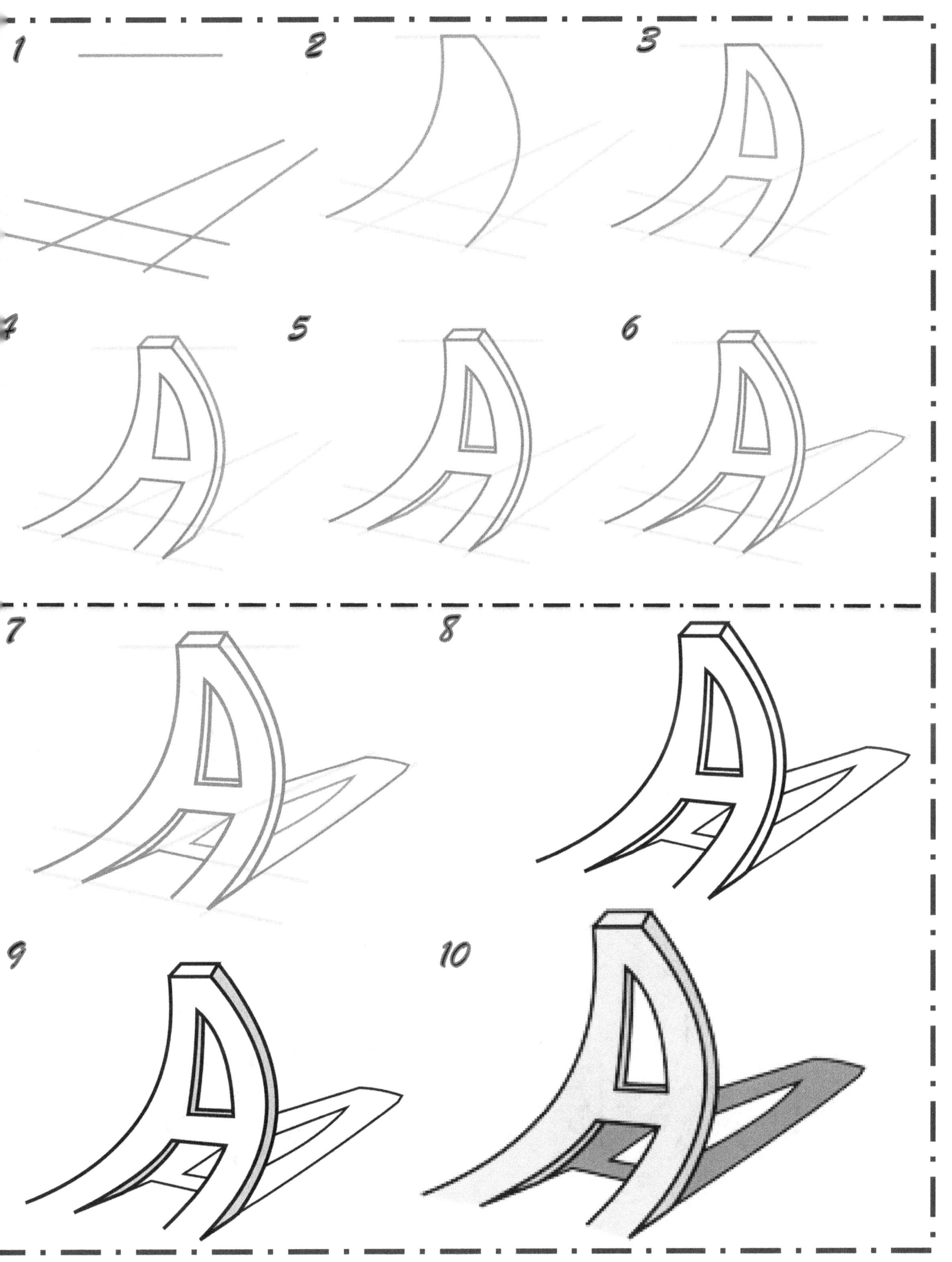
1
2
3
4
5
6
7
8
9
10

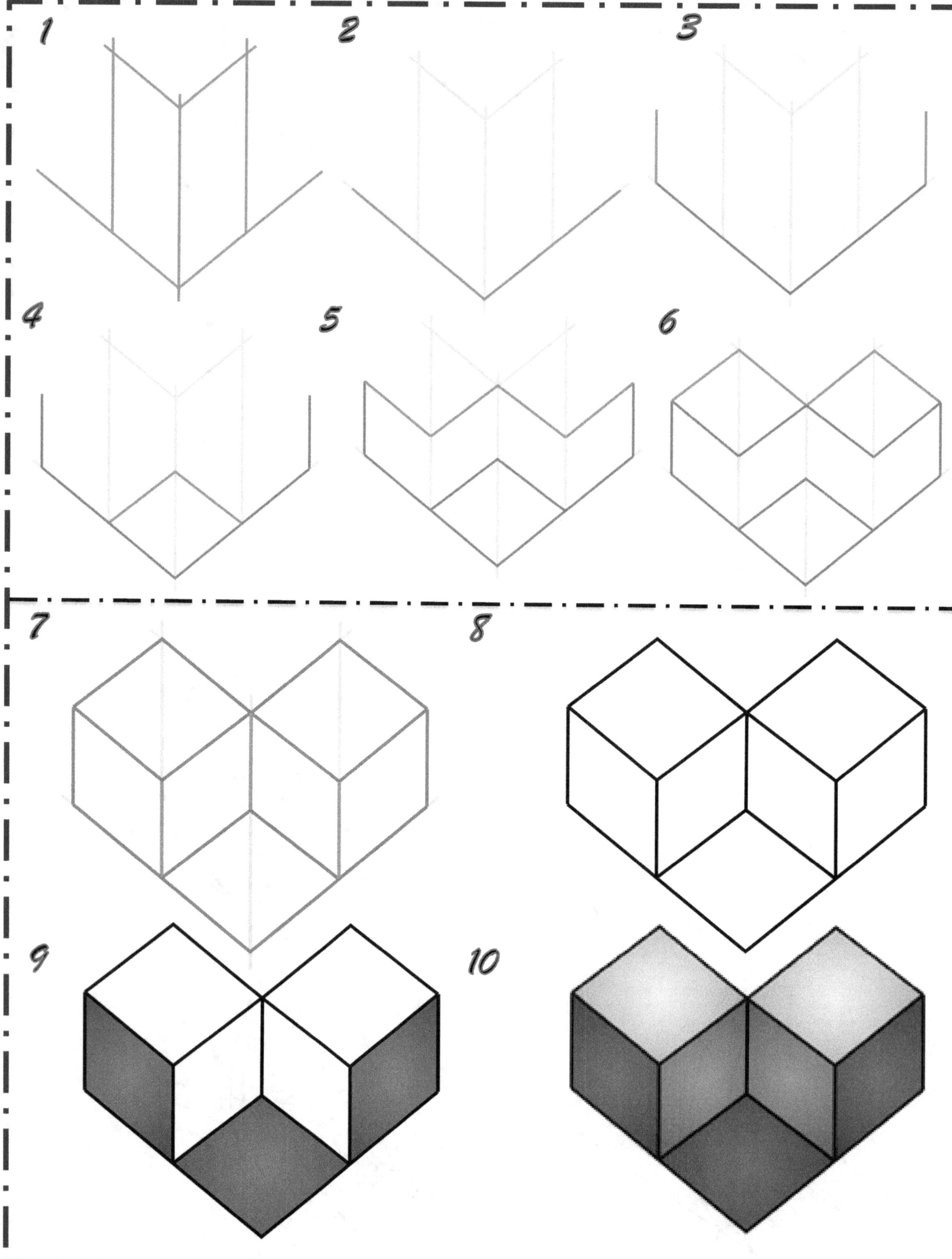

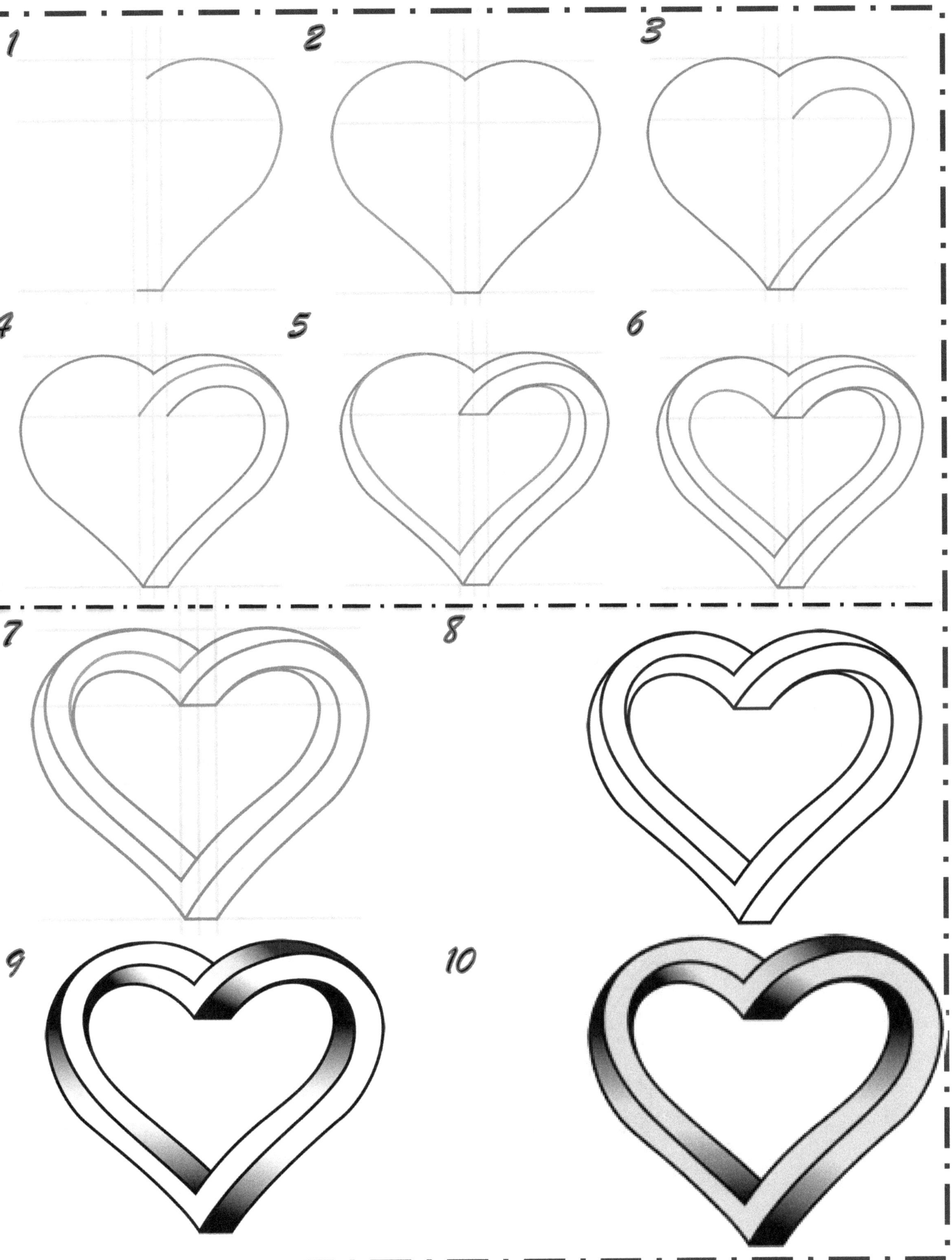
1
2
3
4
5
6
7
8
9
10

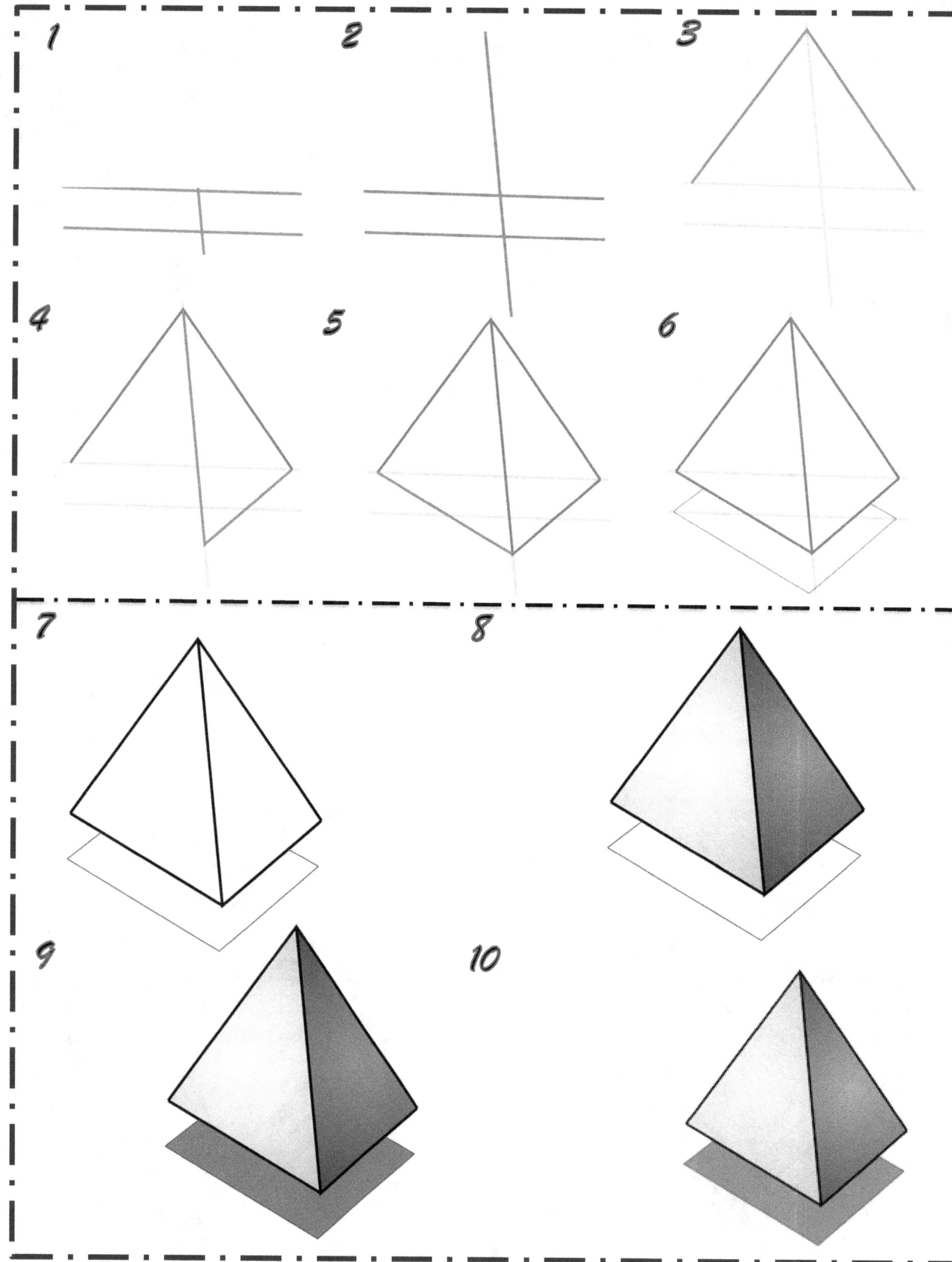

1
2
3
4
5
6
7
8
9
10

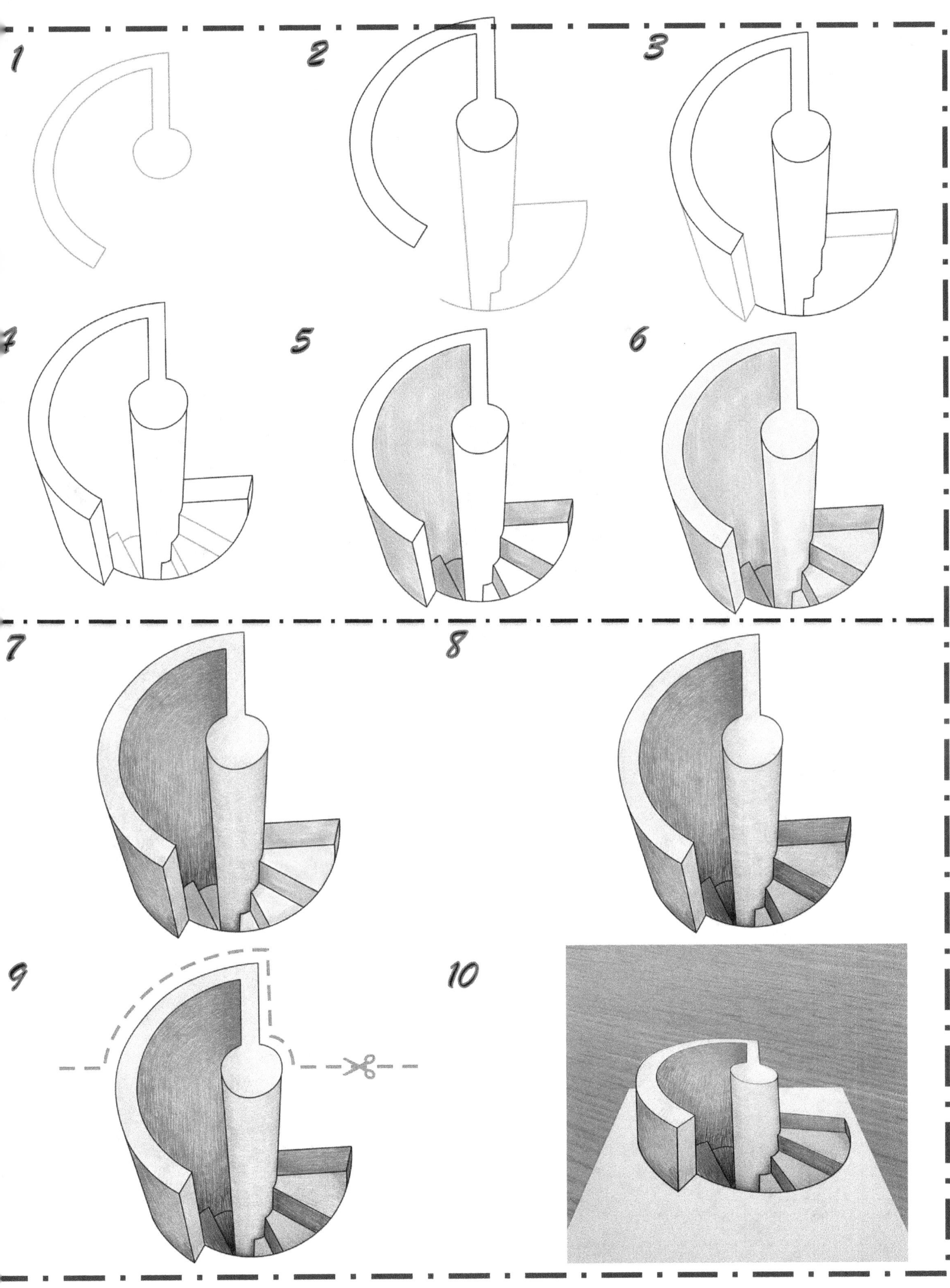
1
2
3
4
5
6
7
8
9
10

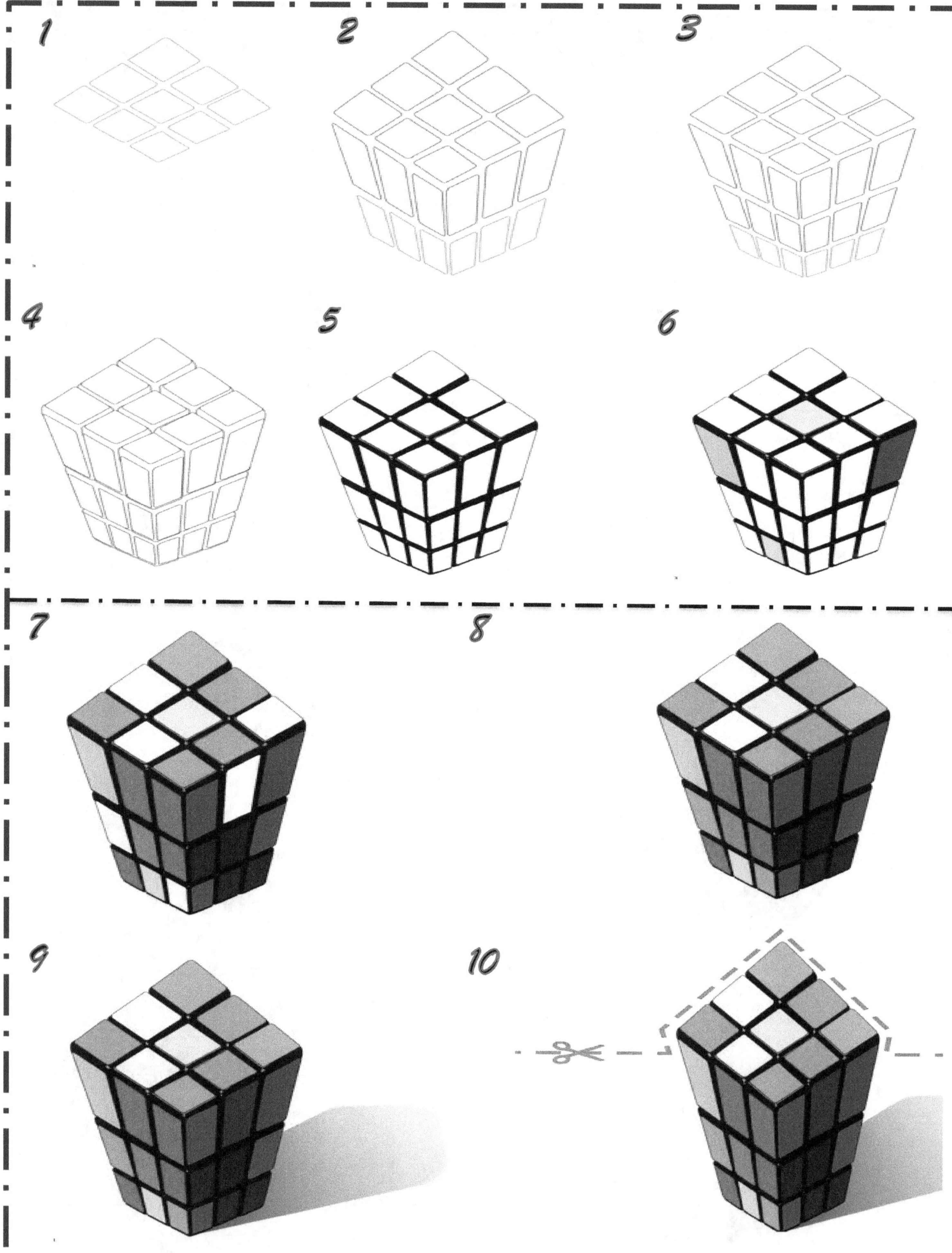

1
2
3
4
5
6
7
8
9
10

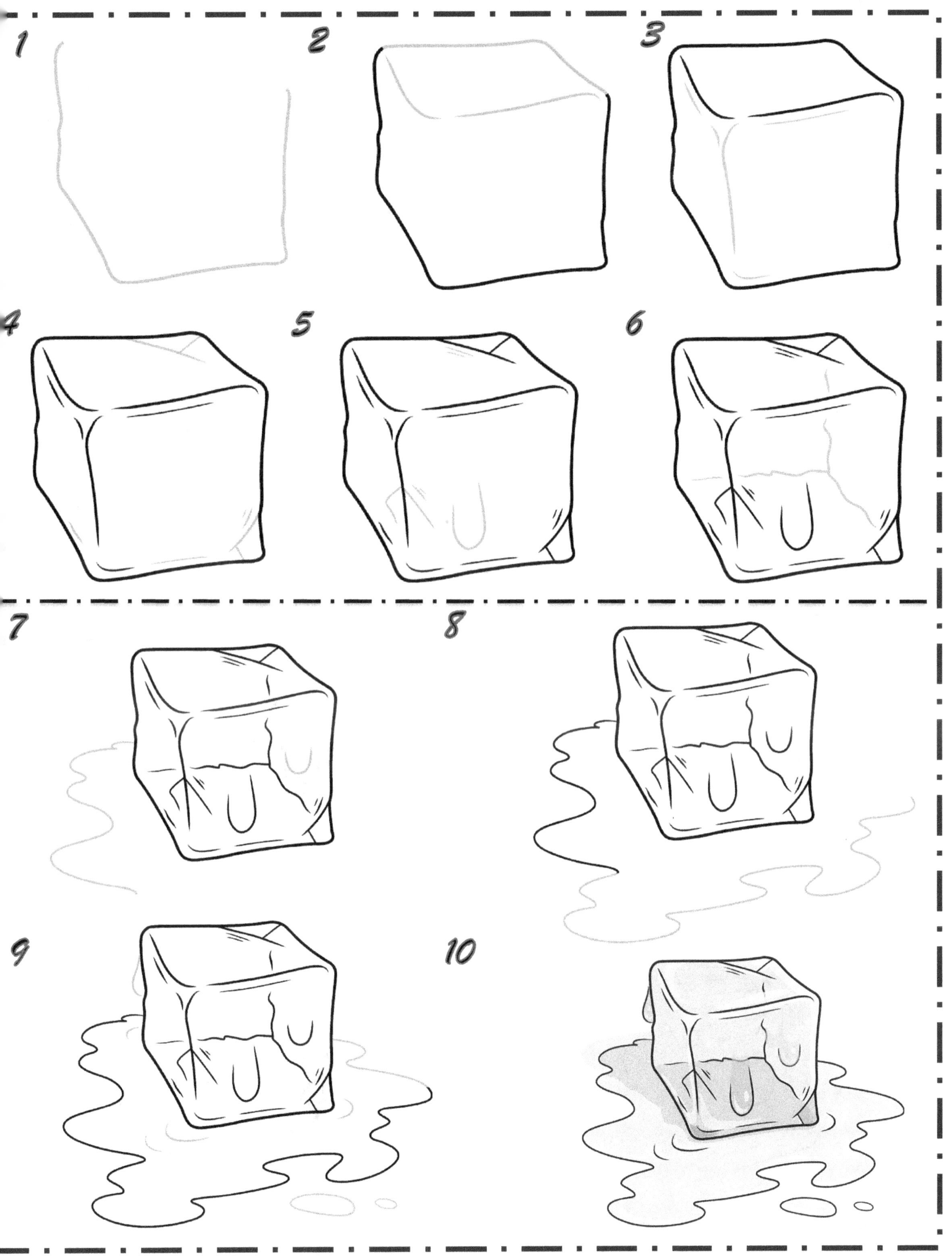

1
2
3
4
5
6
7
8
9
10

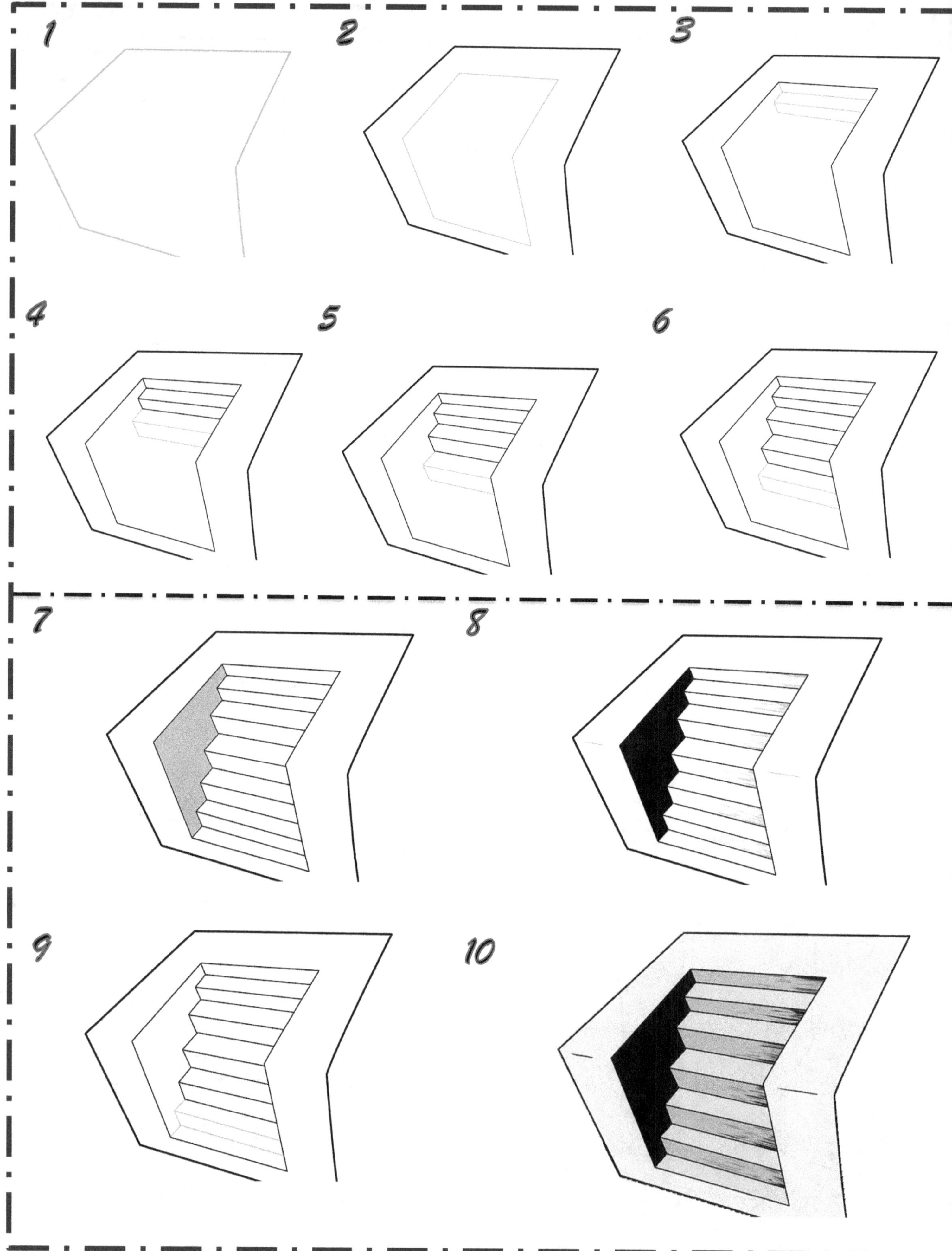

1
2
3
4
5
6
7
8
9
10

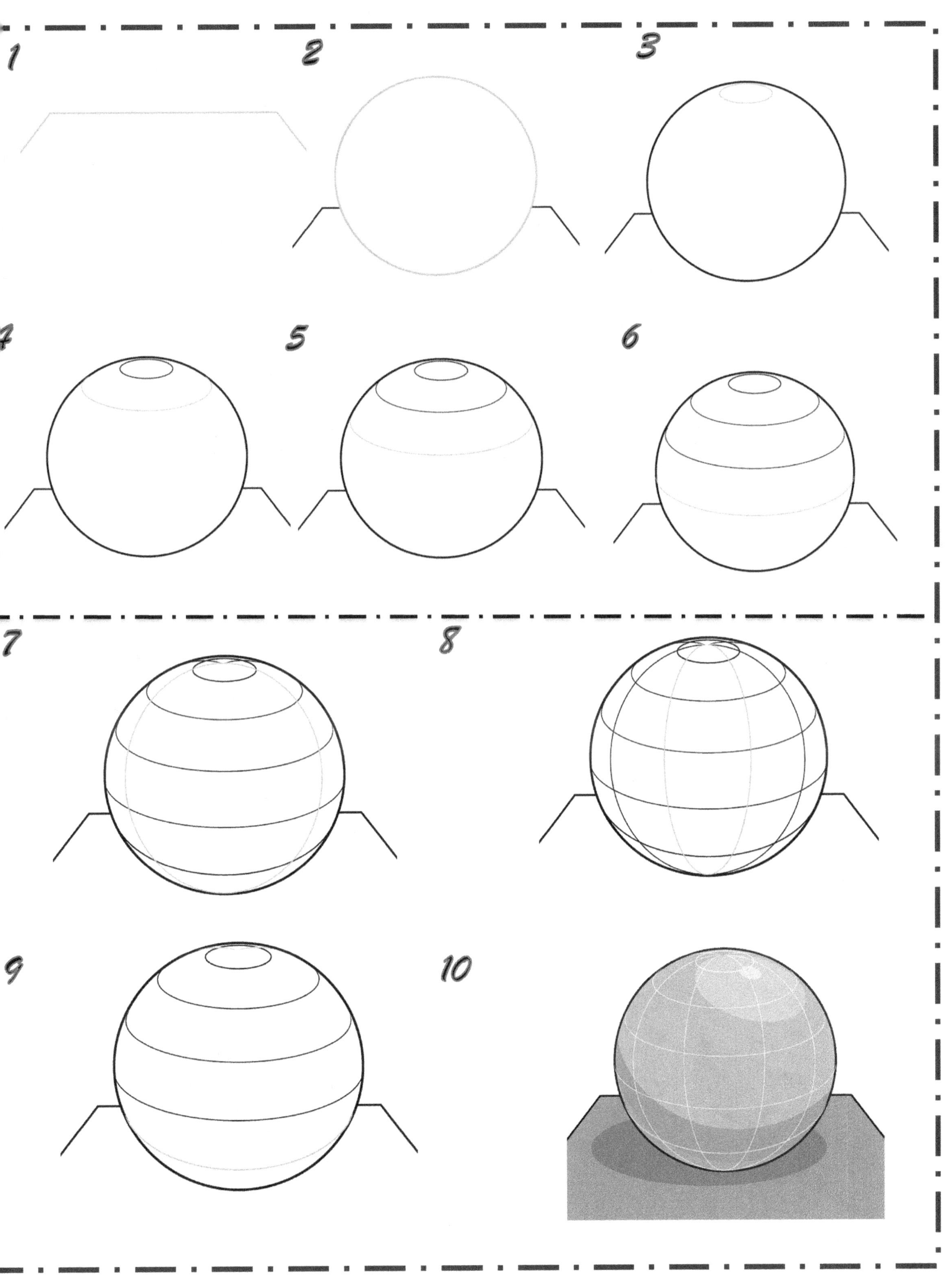

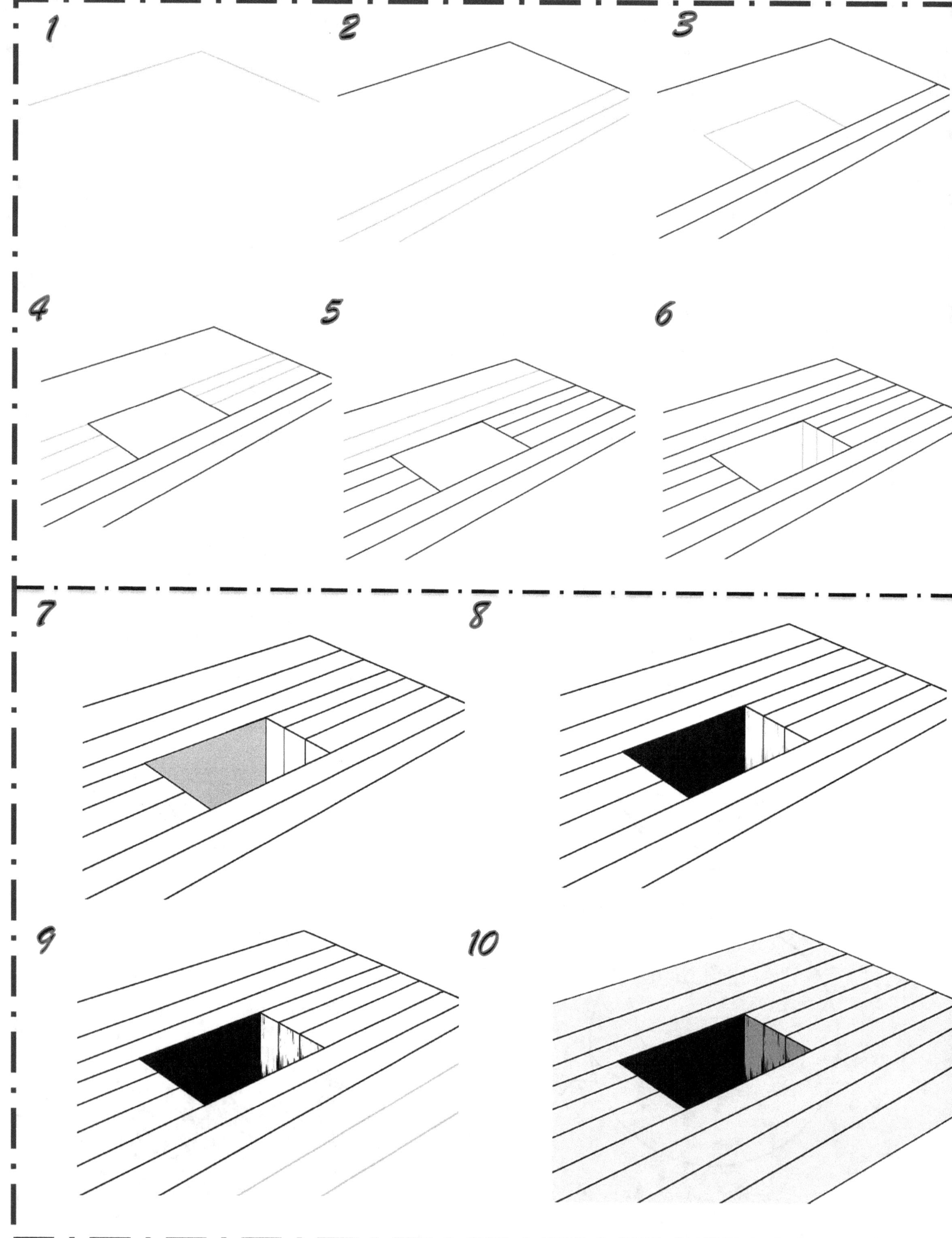
1
2
3
4
5
6
7
8
9
10

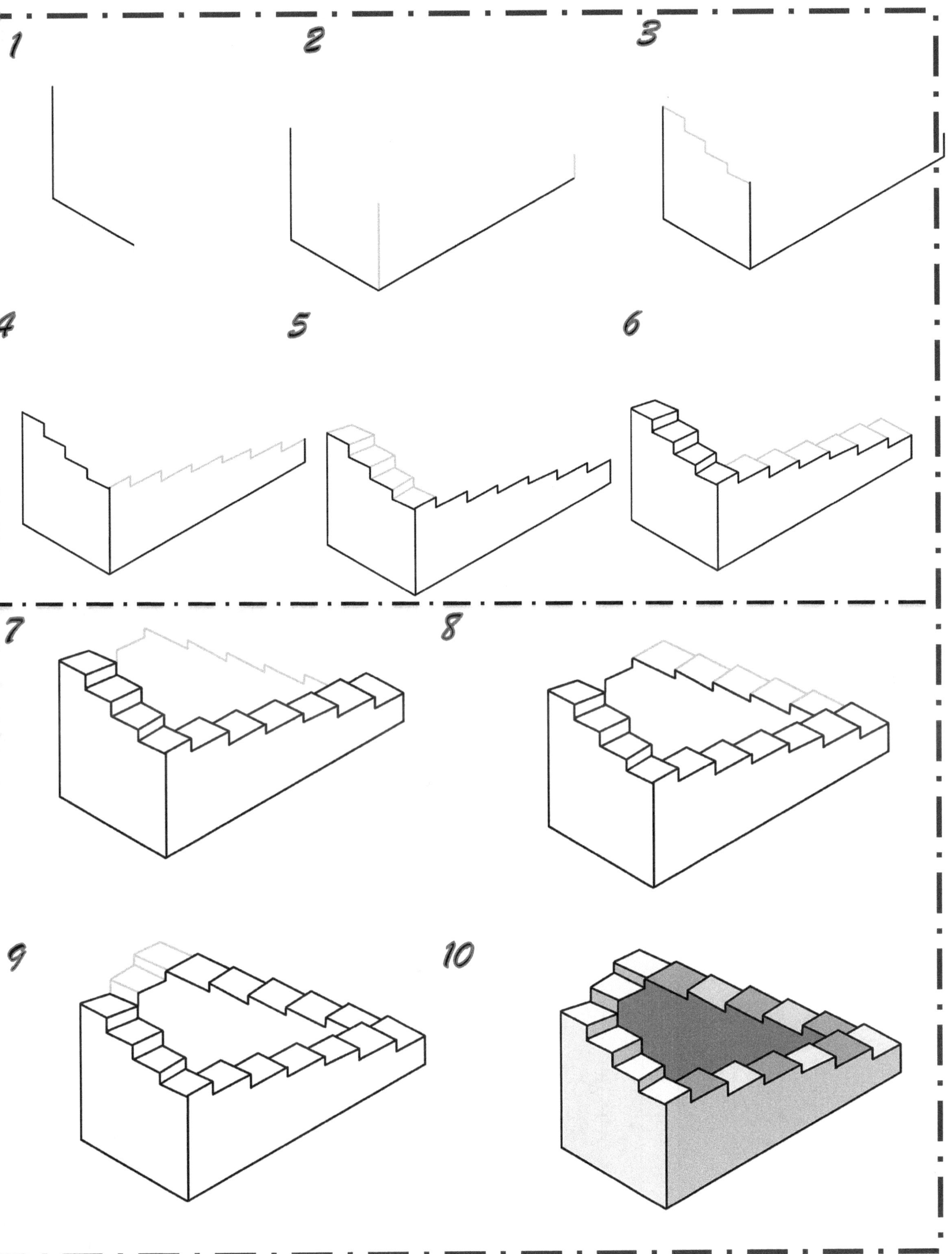

1
2
3
4
5
6
7
8
9
10

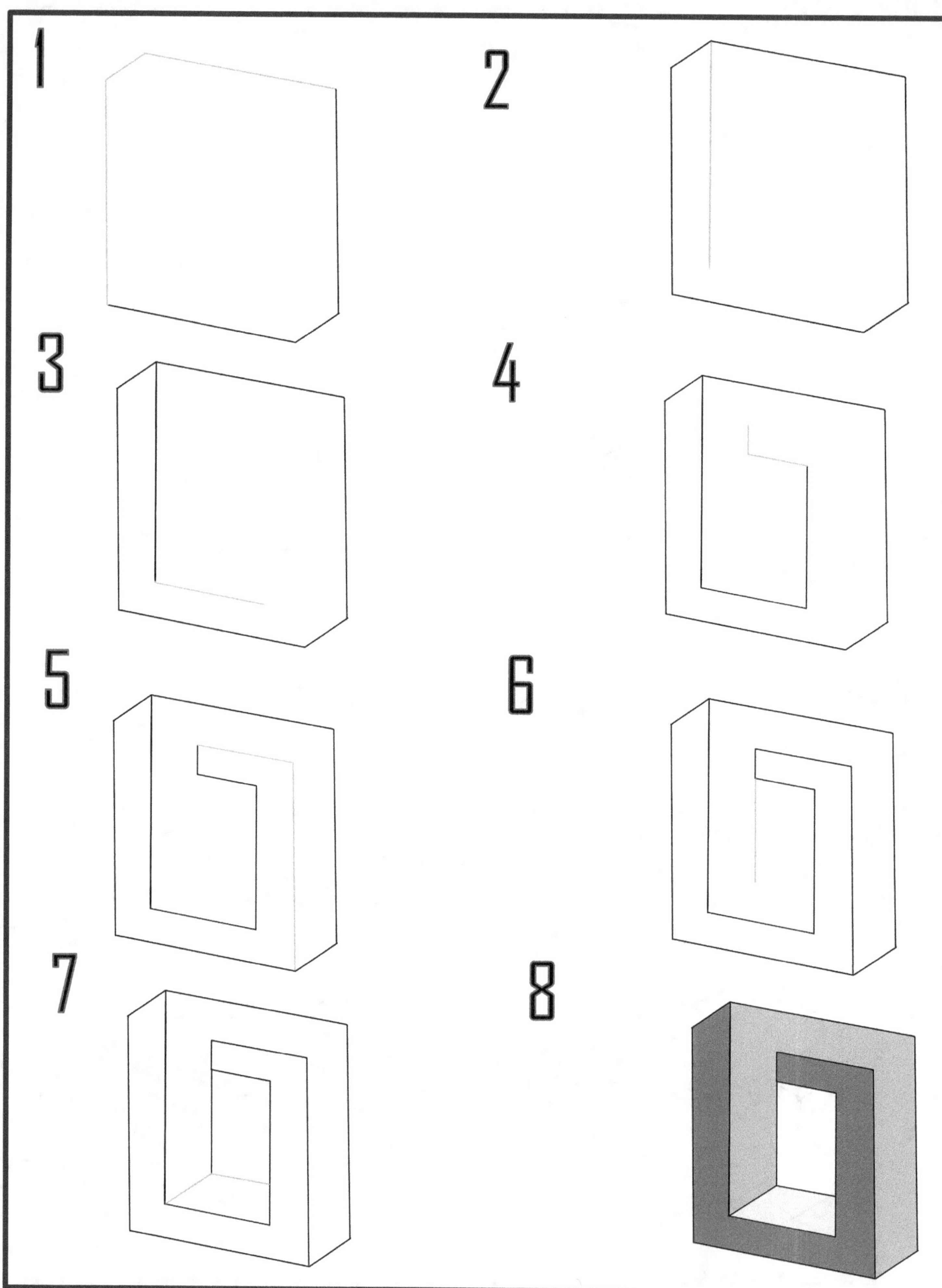

1
2
3
4
5
6
7
8

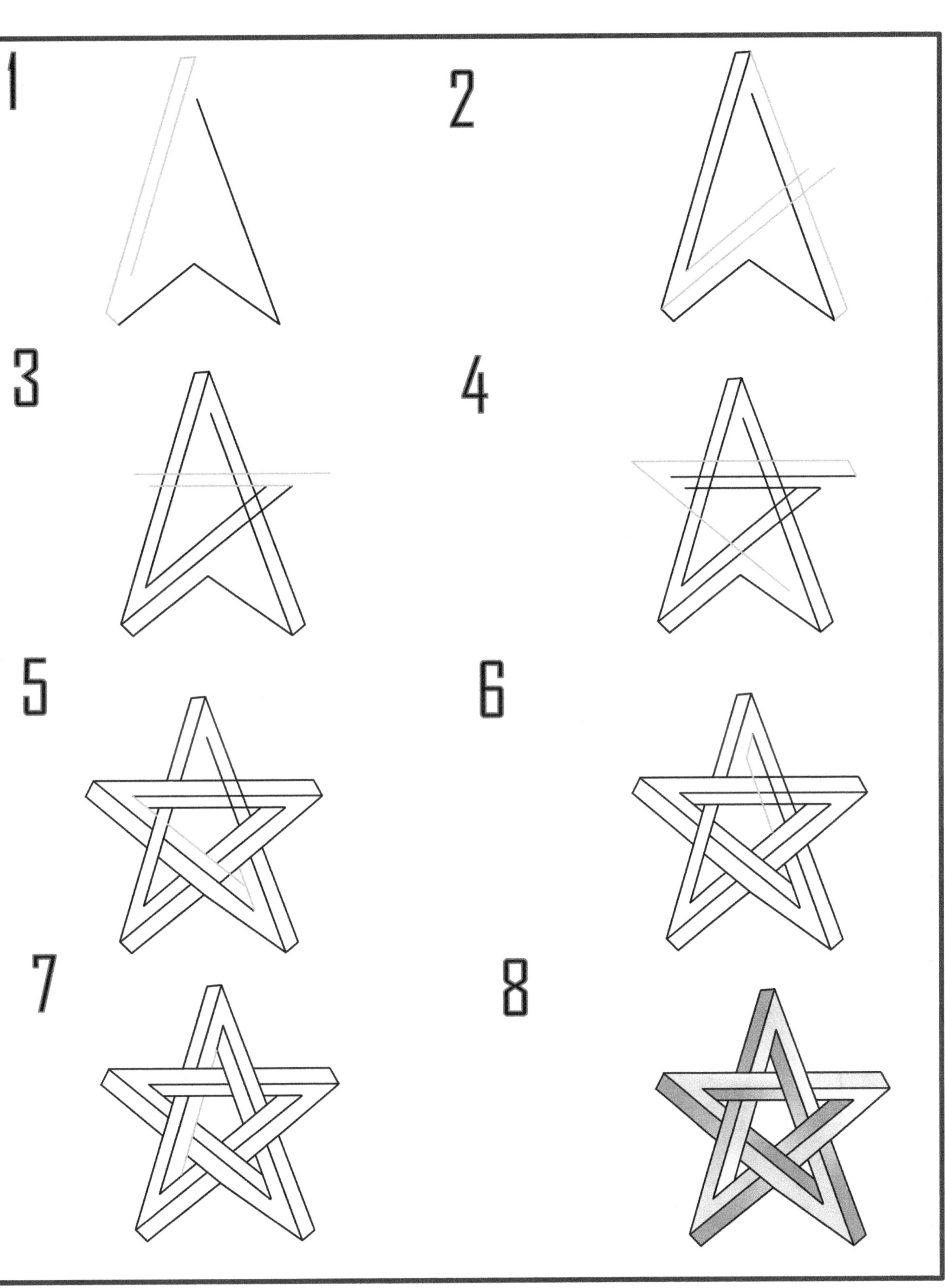

1
2
3
4
5
6
7
8

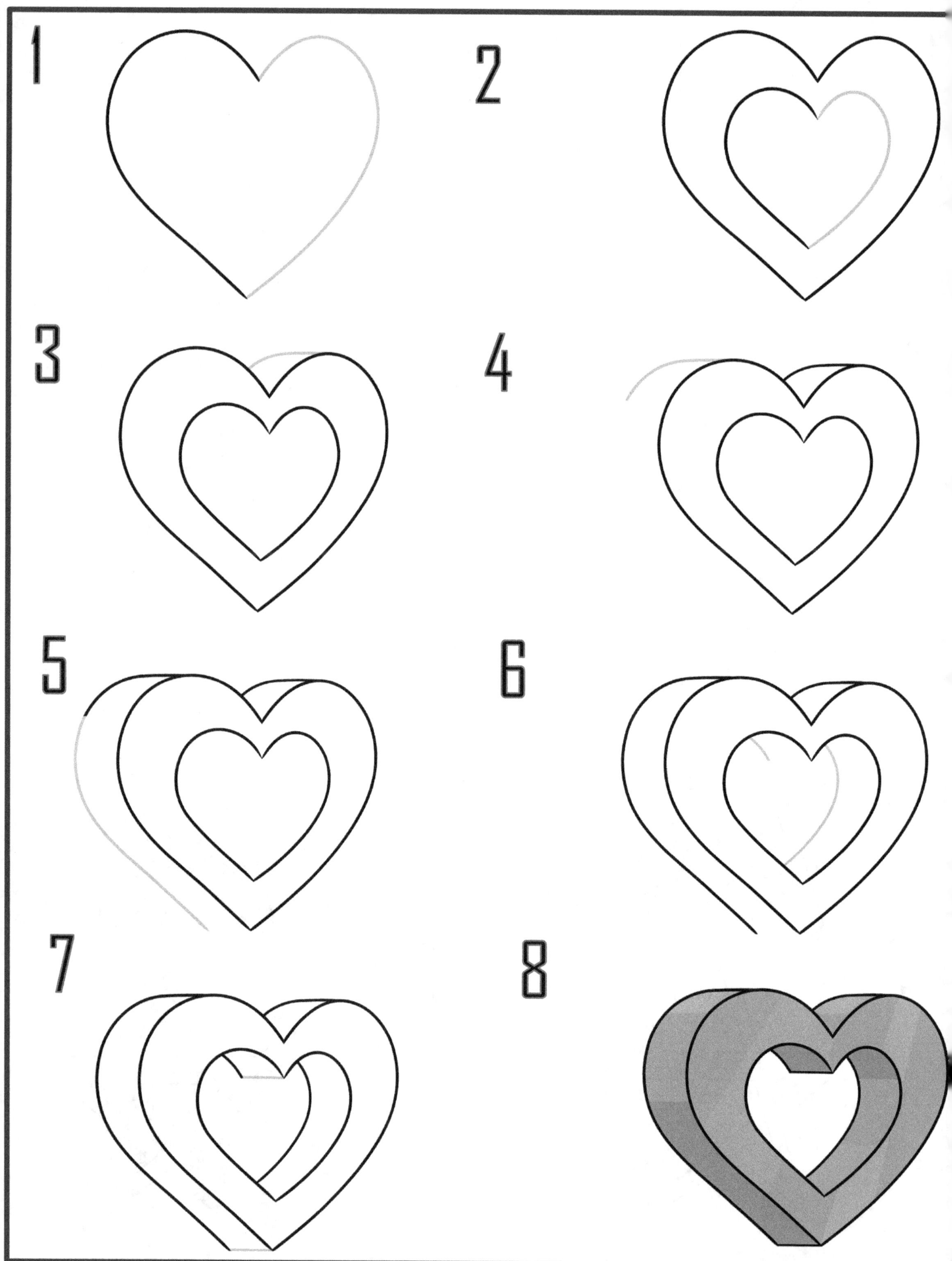

1
2
3
4
5
6
7
8

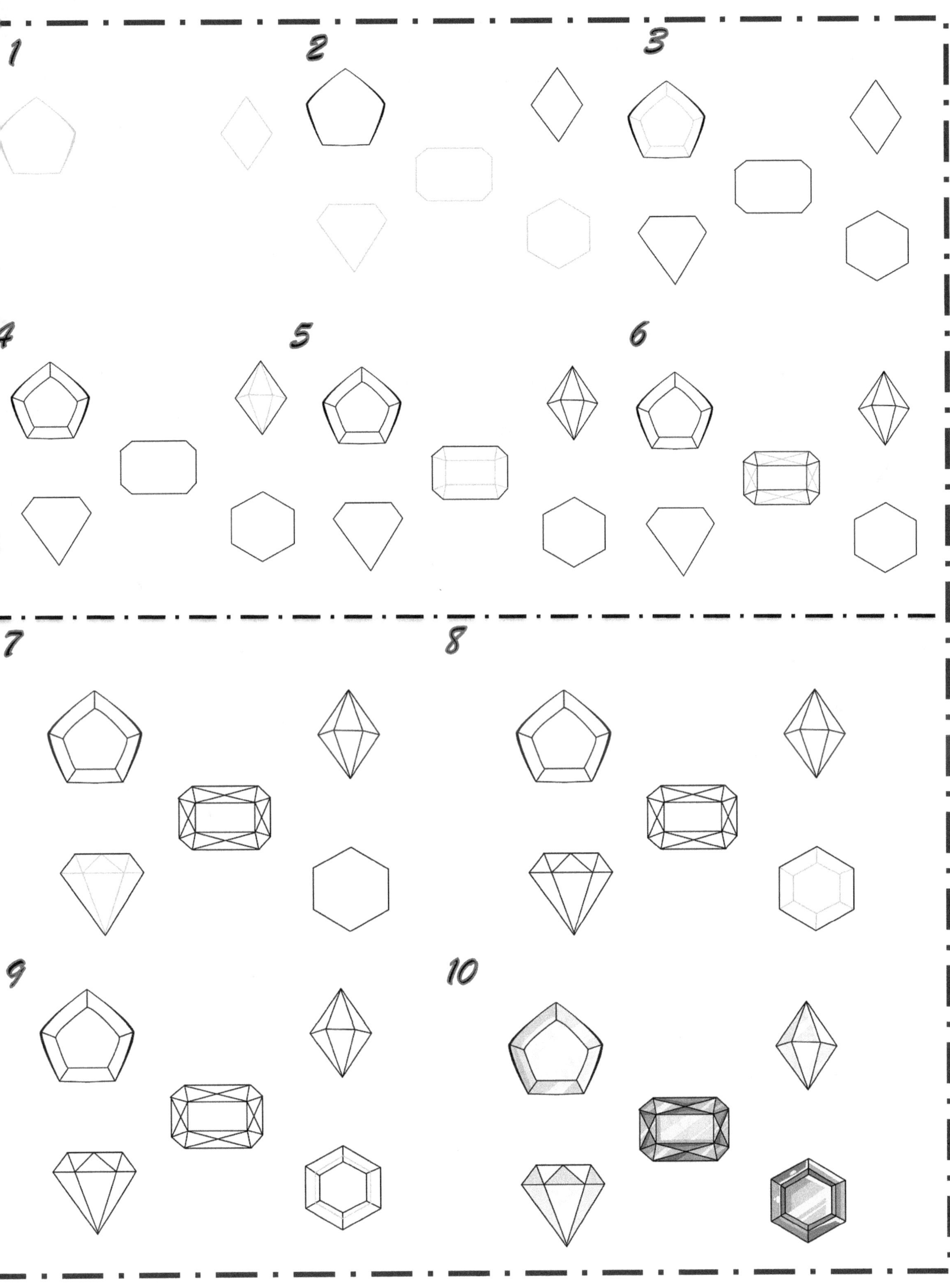

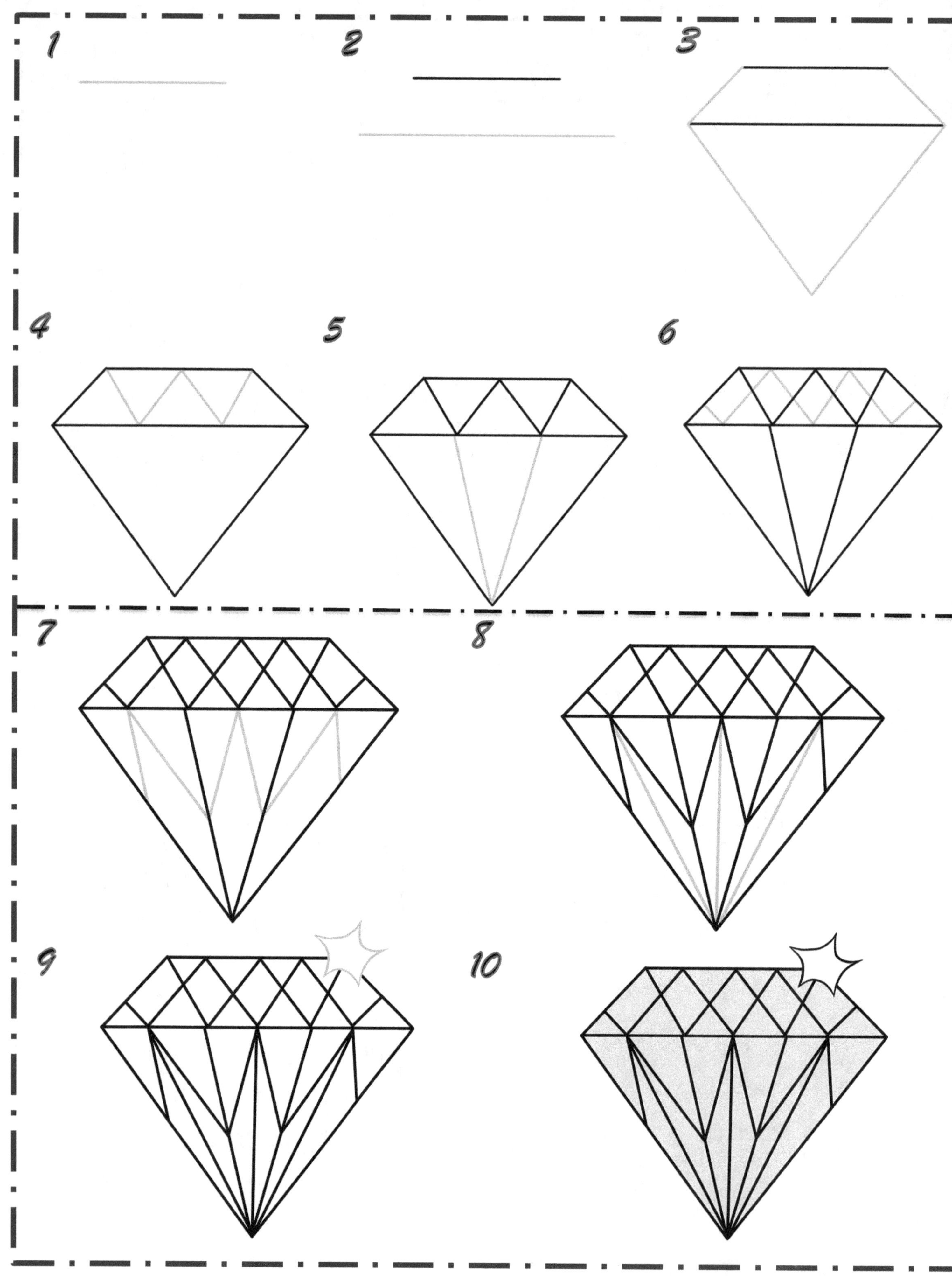

1
2
3
4
5
6
7
8
9
10

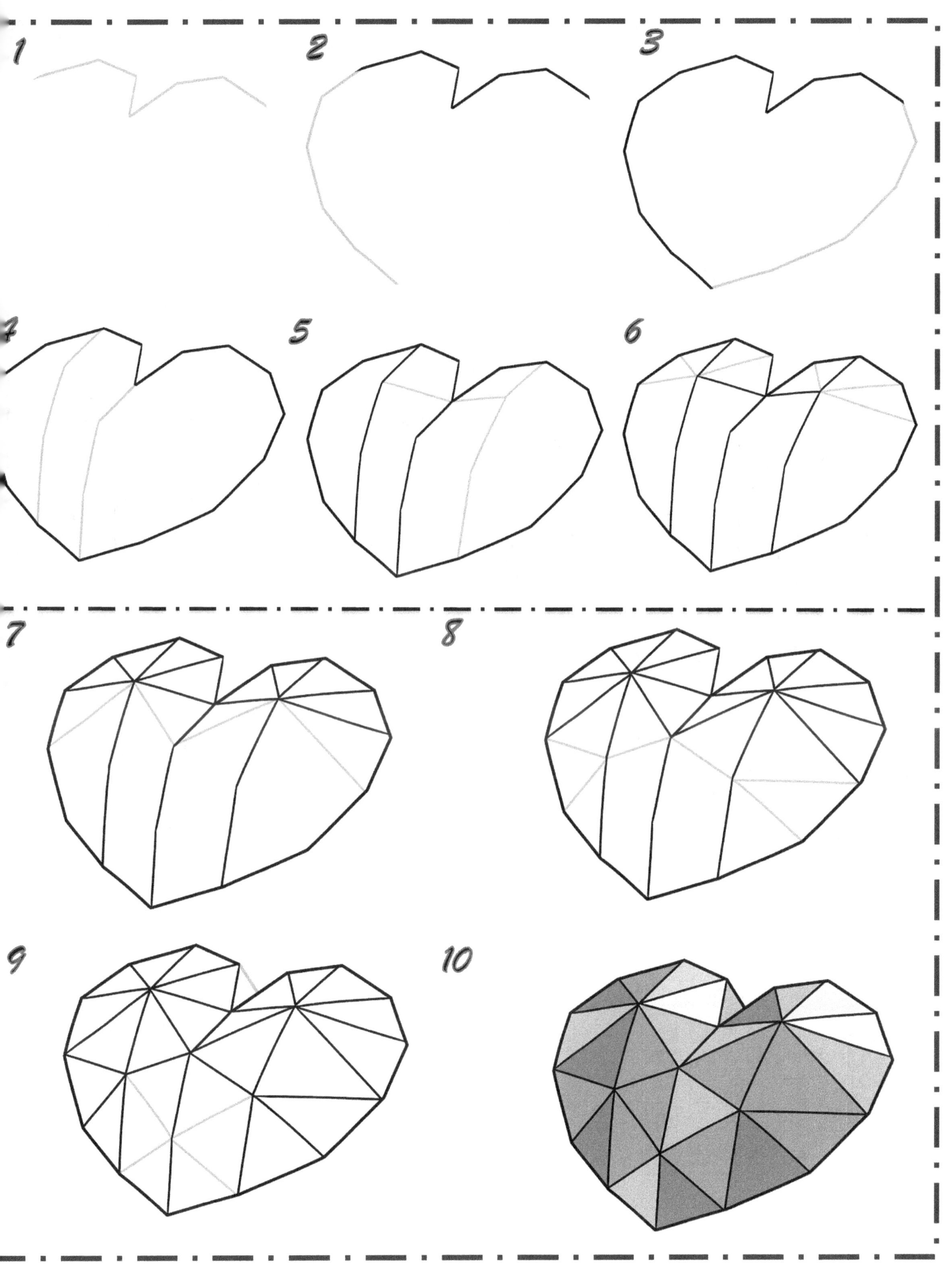

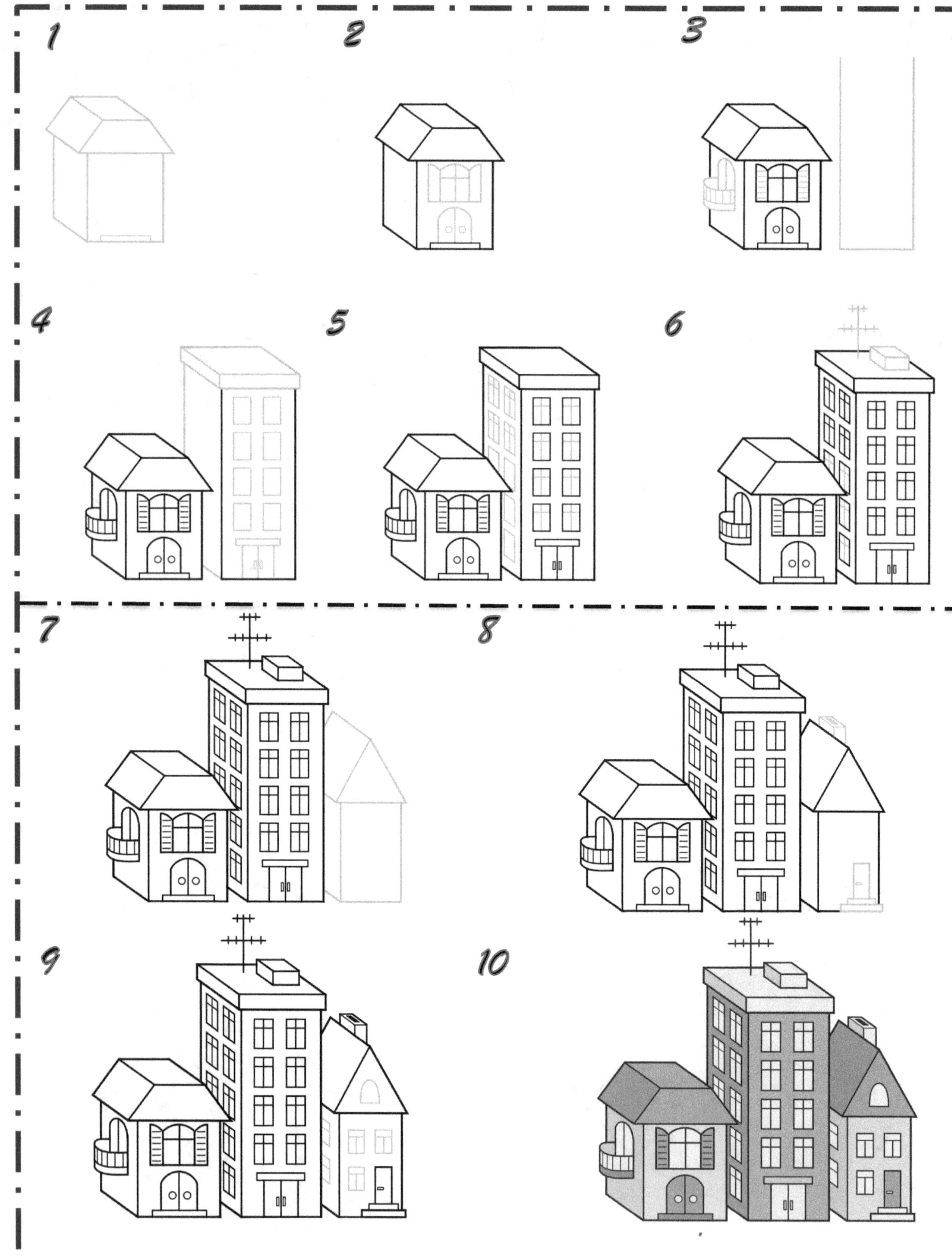

1
2
3
4
5
6
7
8
9
10

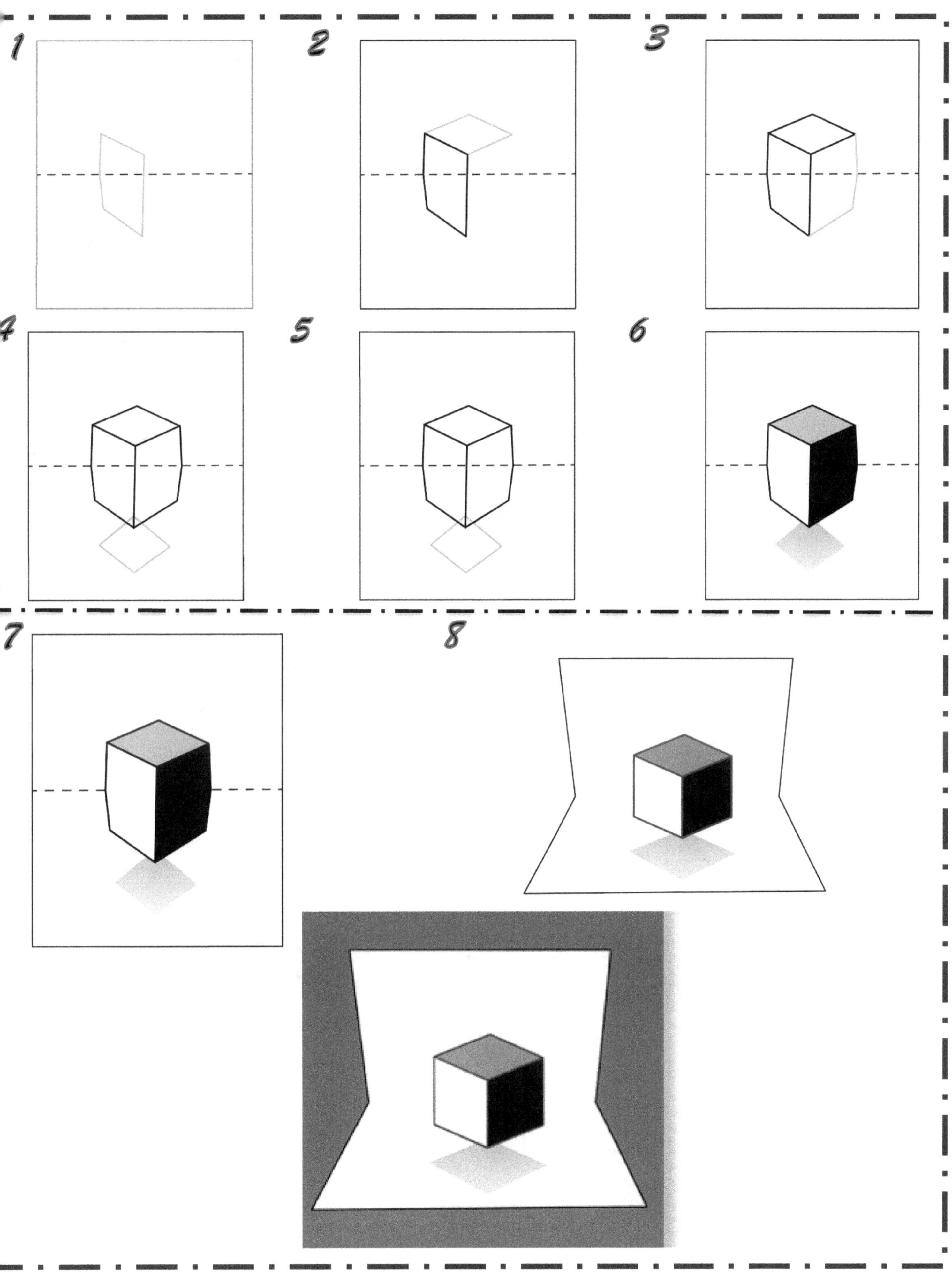

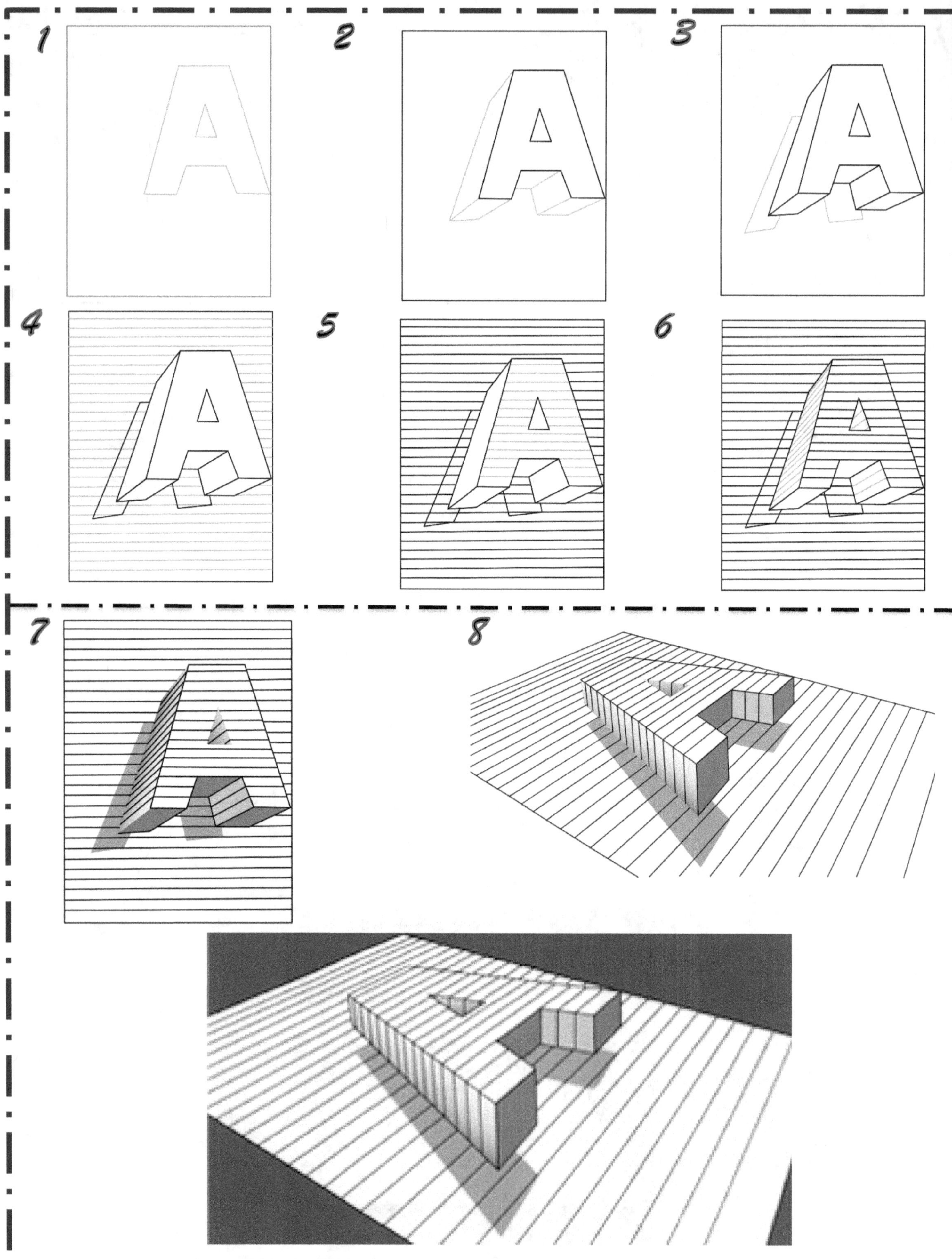

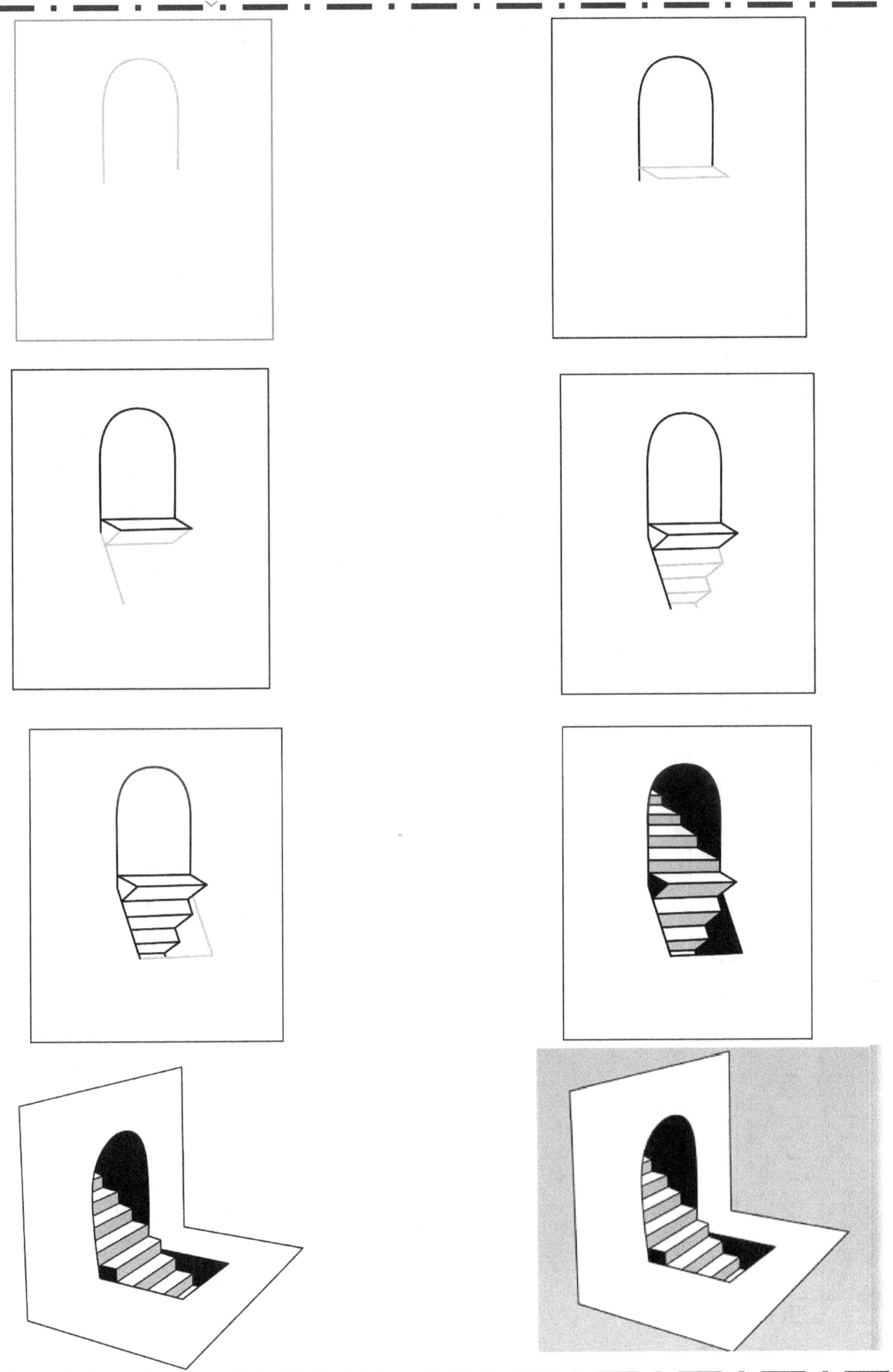

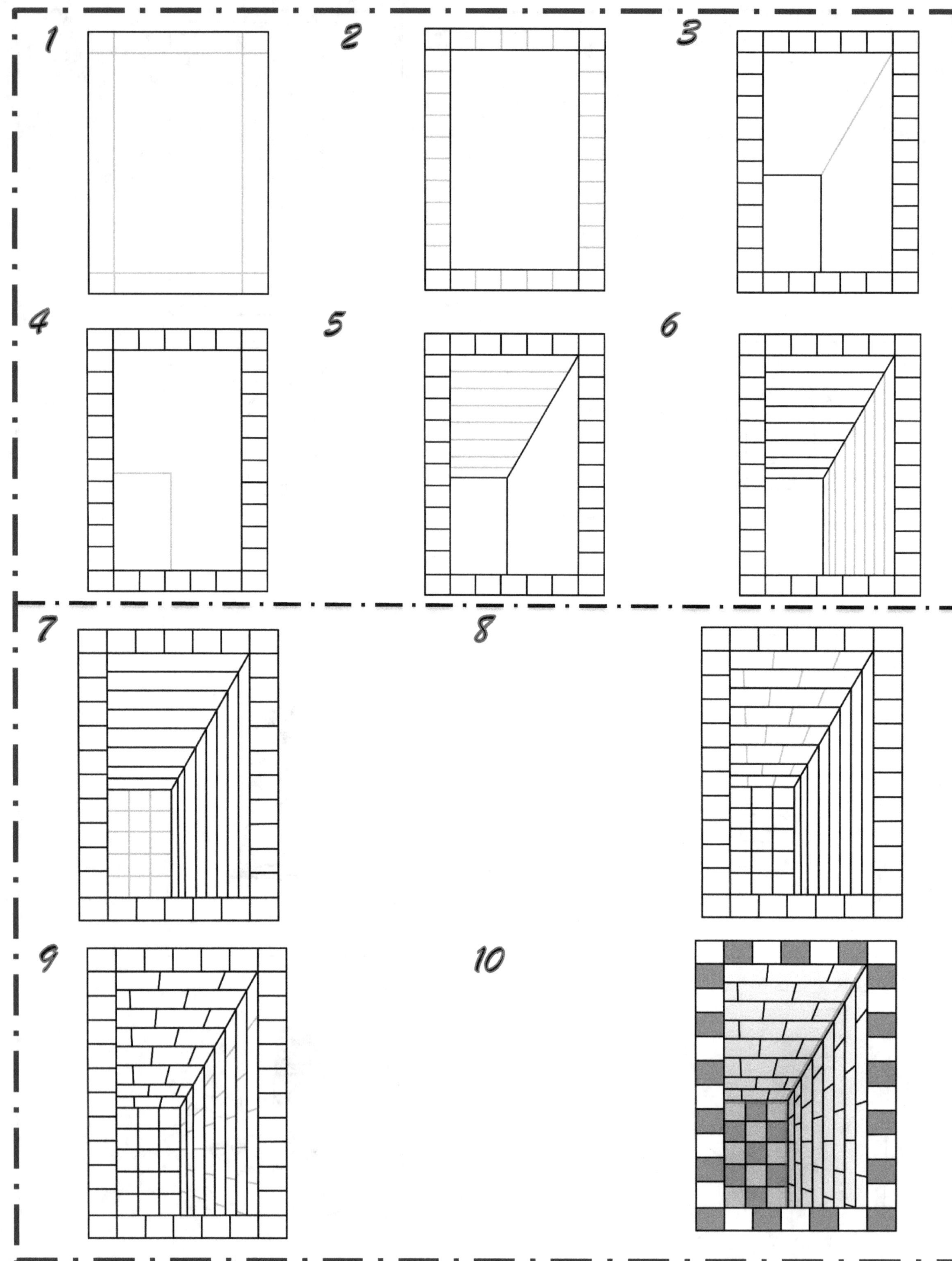

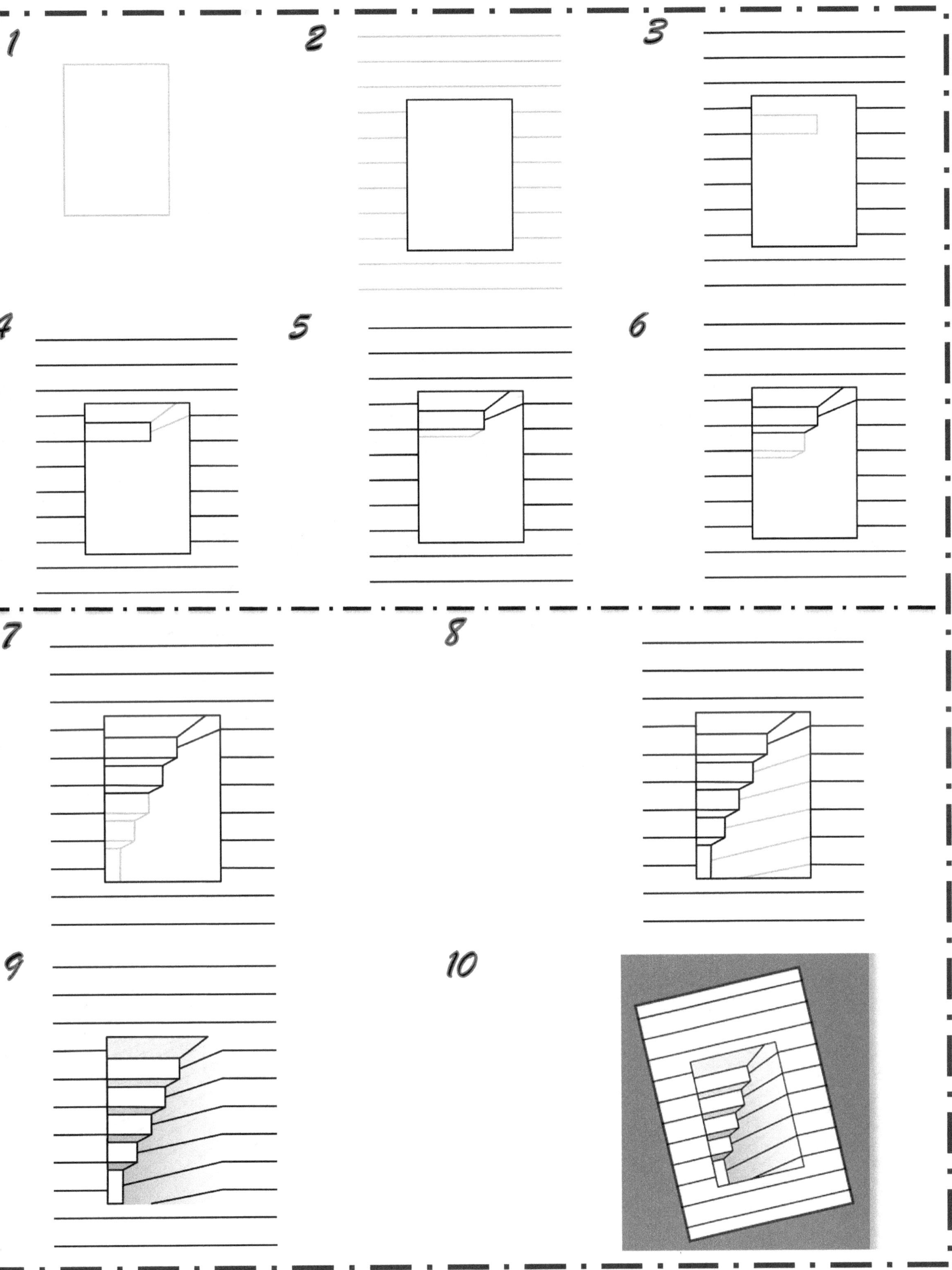

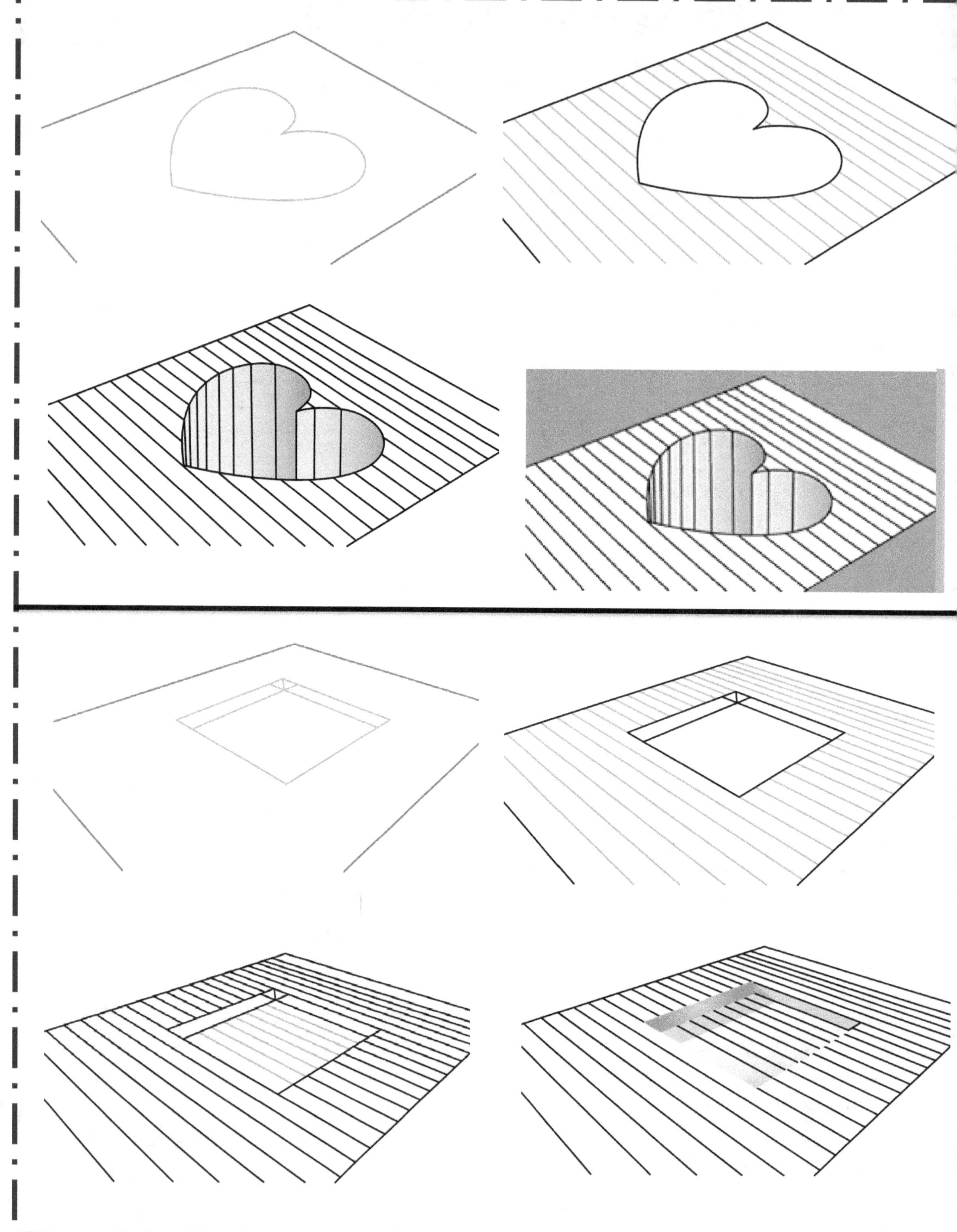

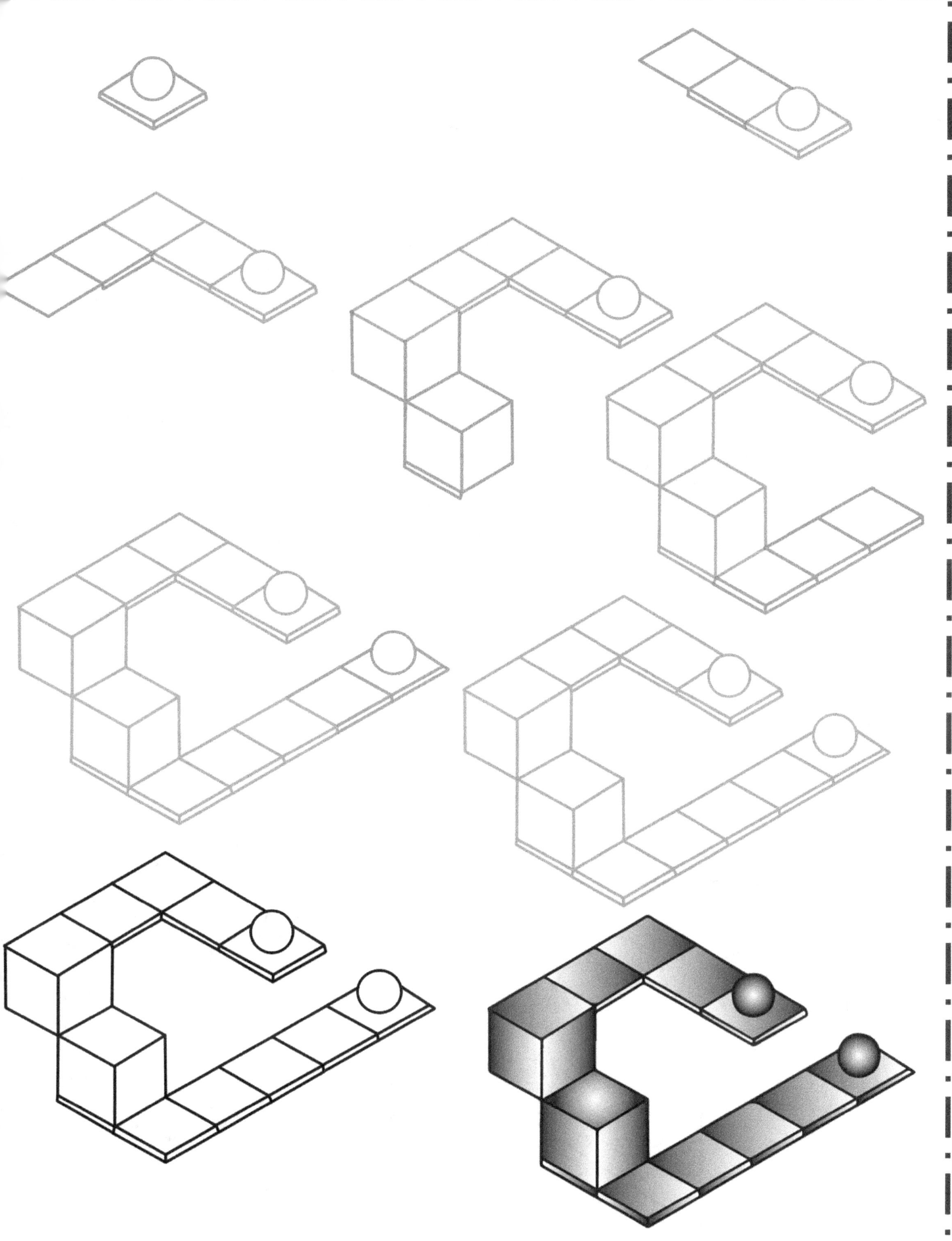

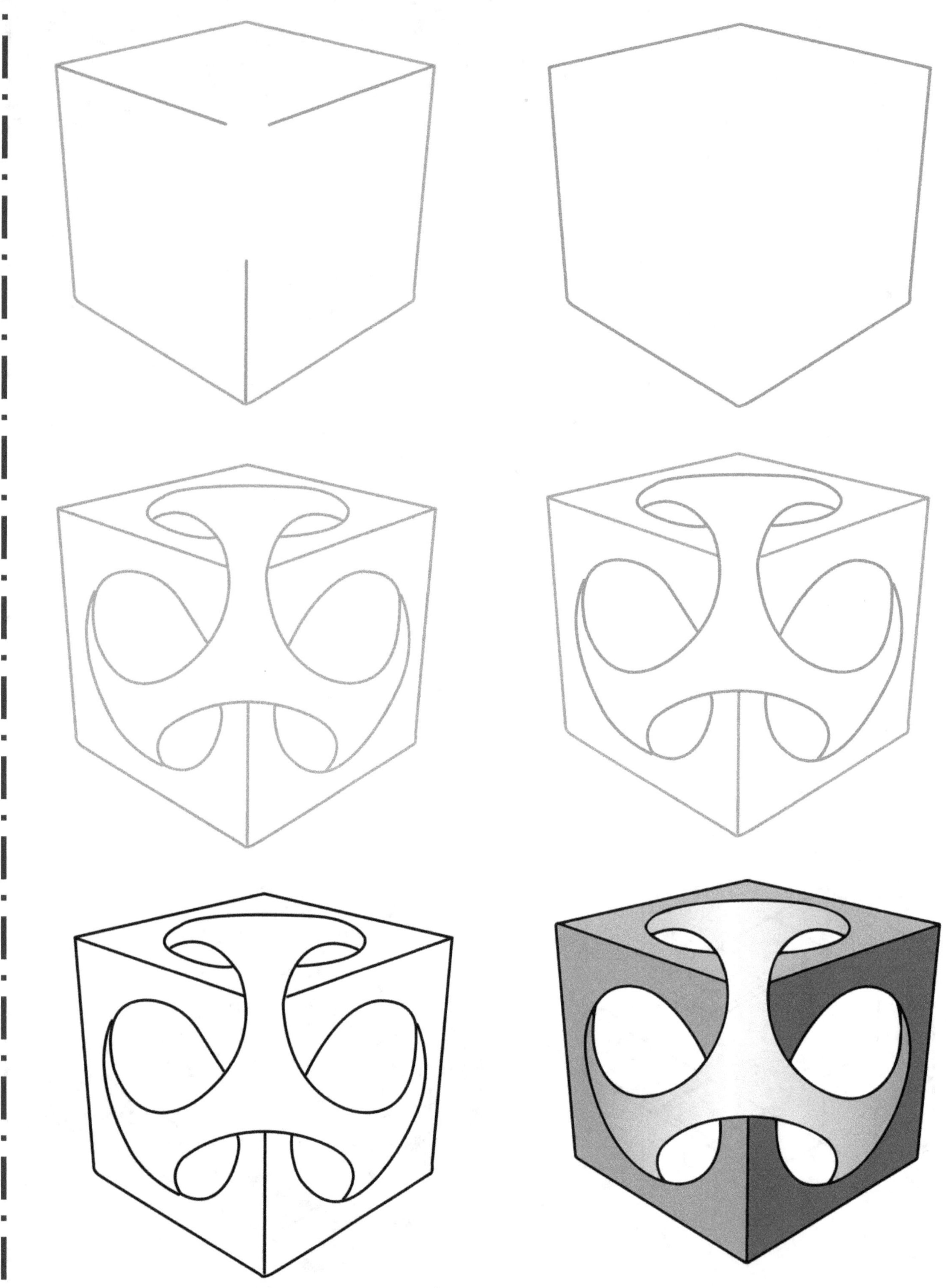

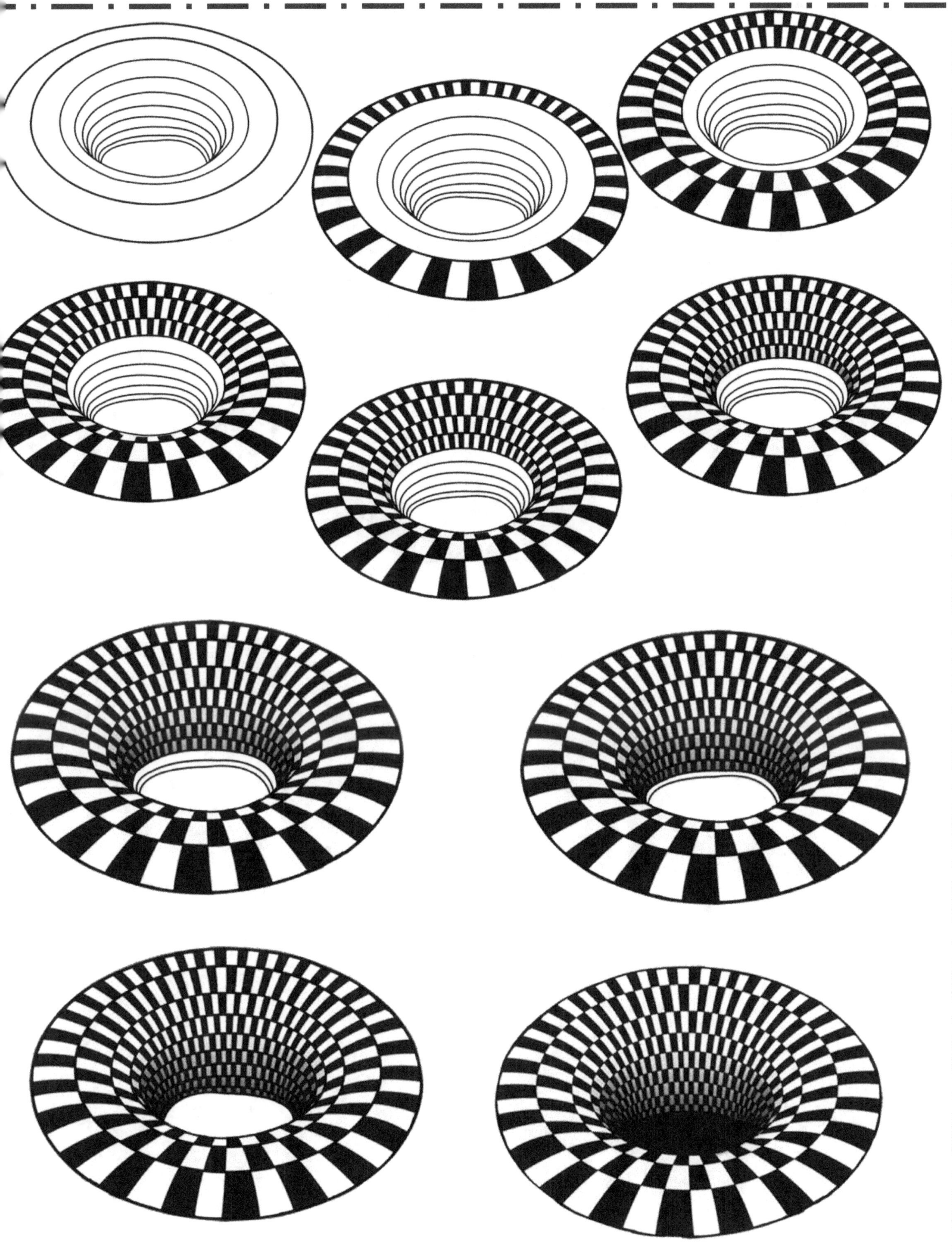

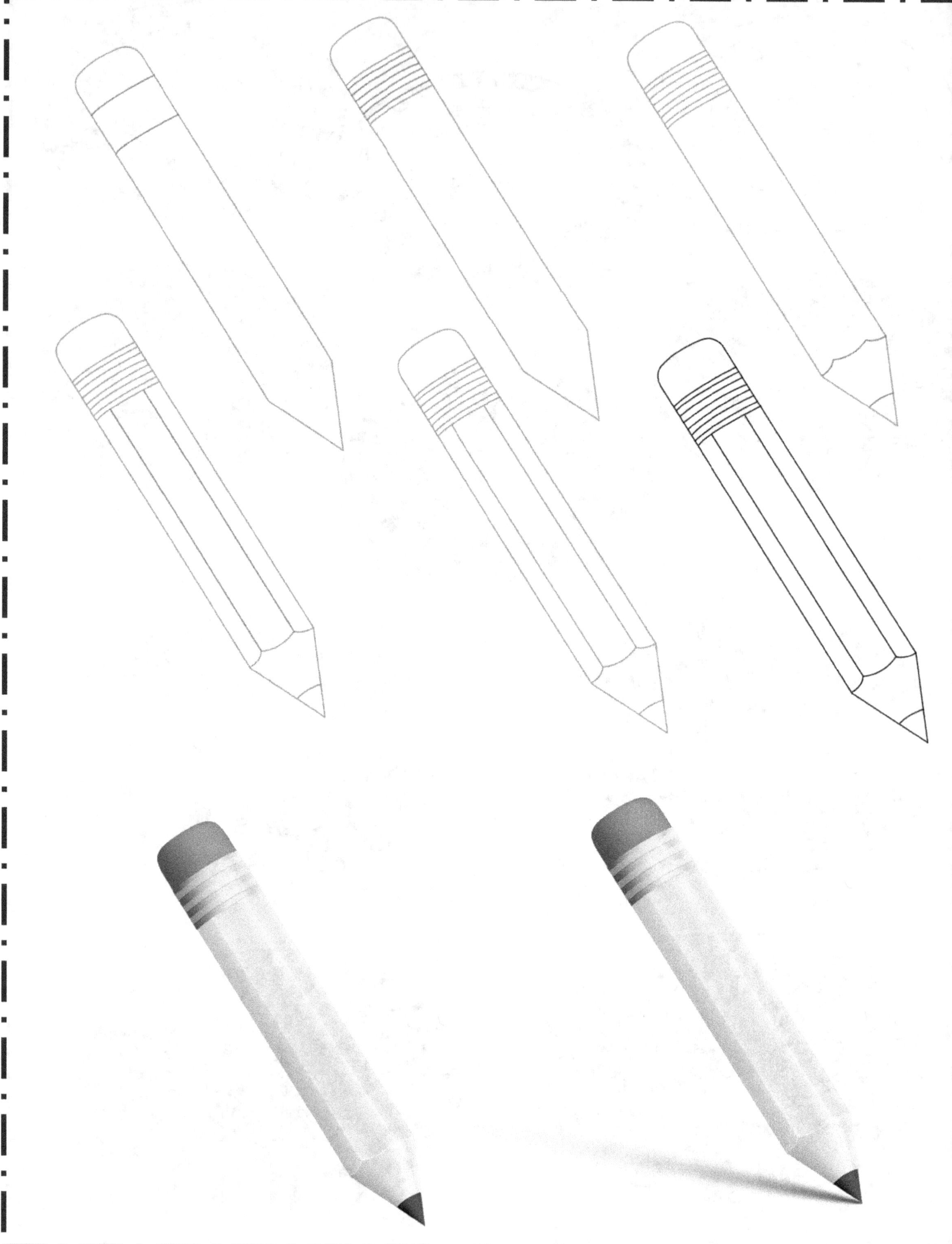

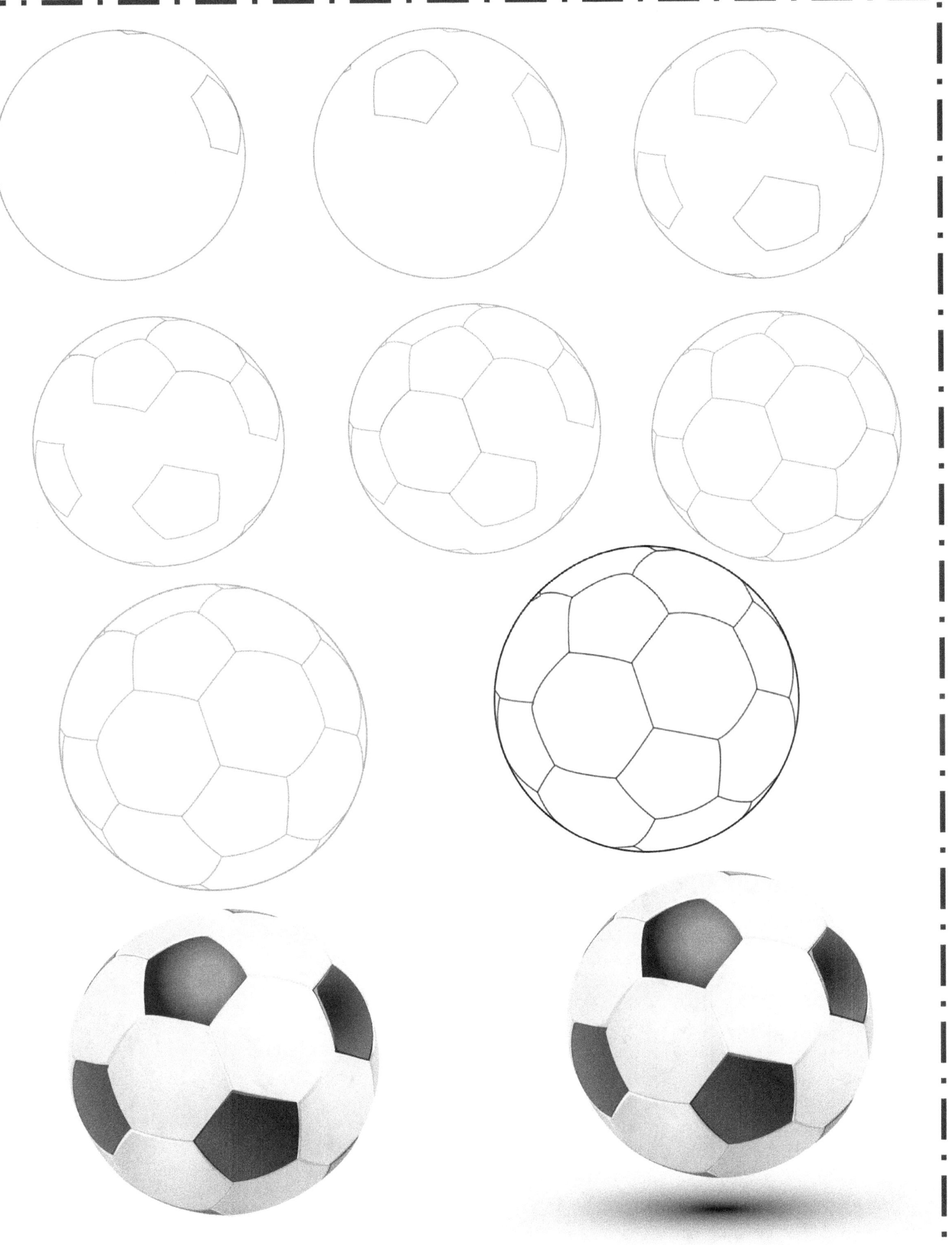

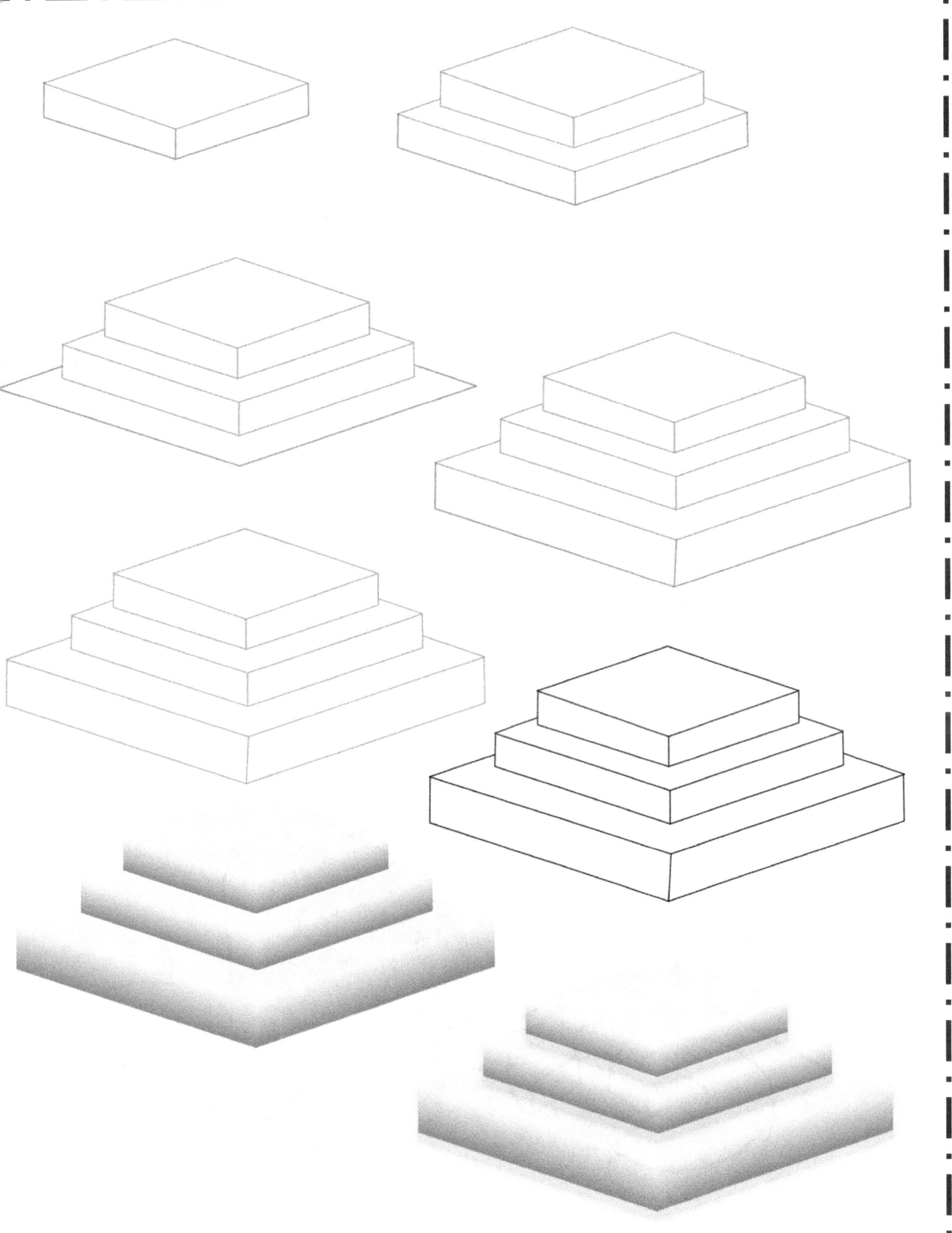

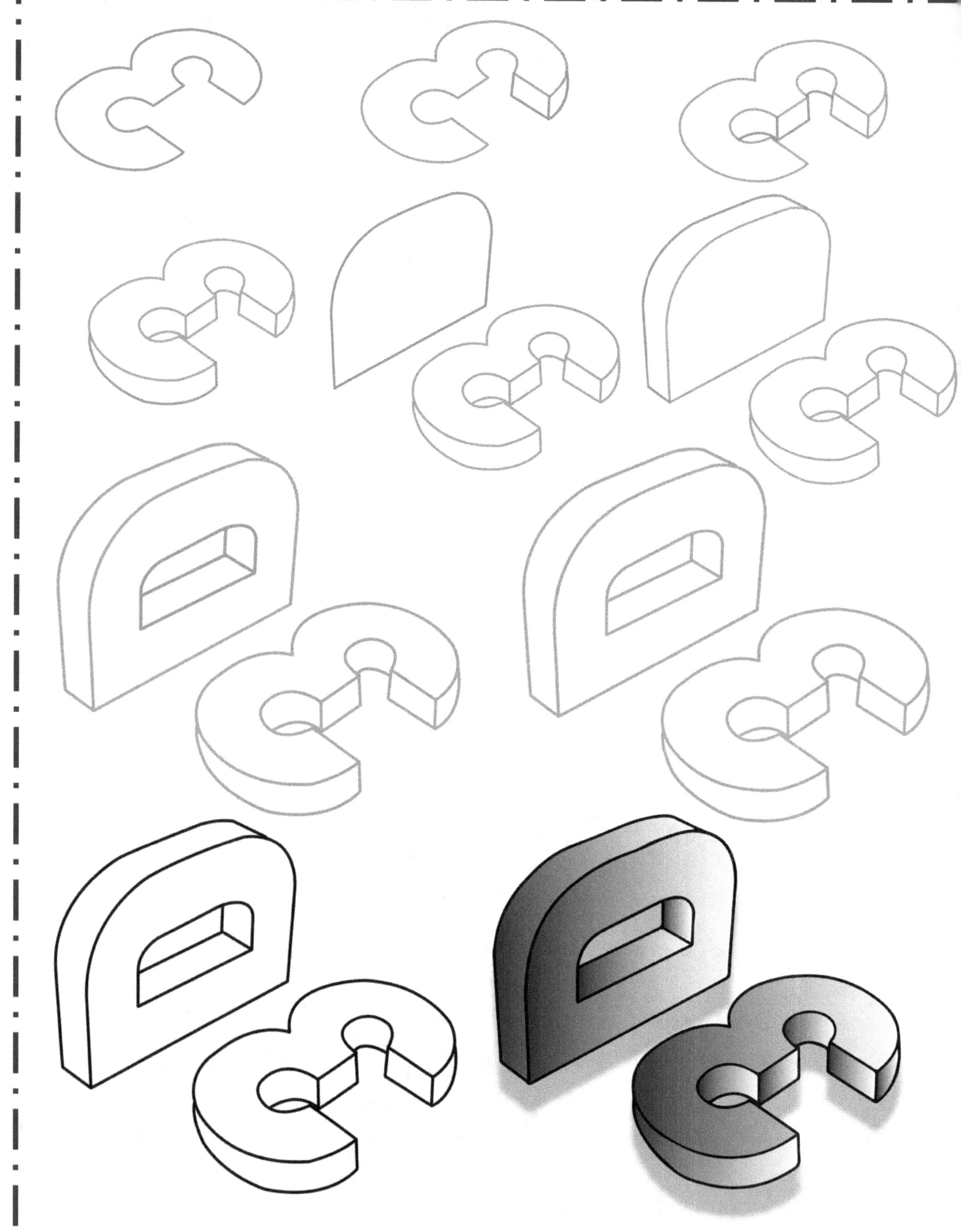

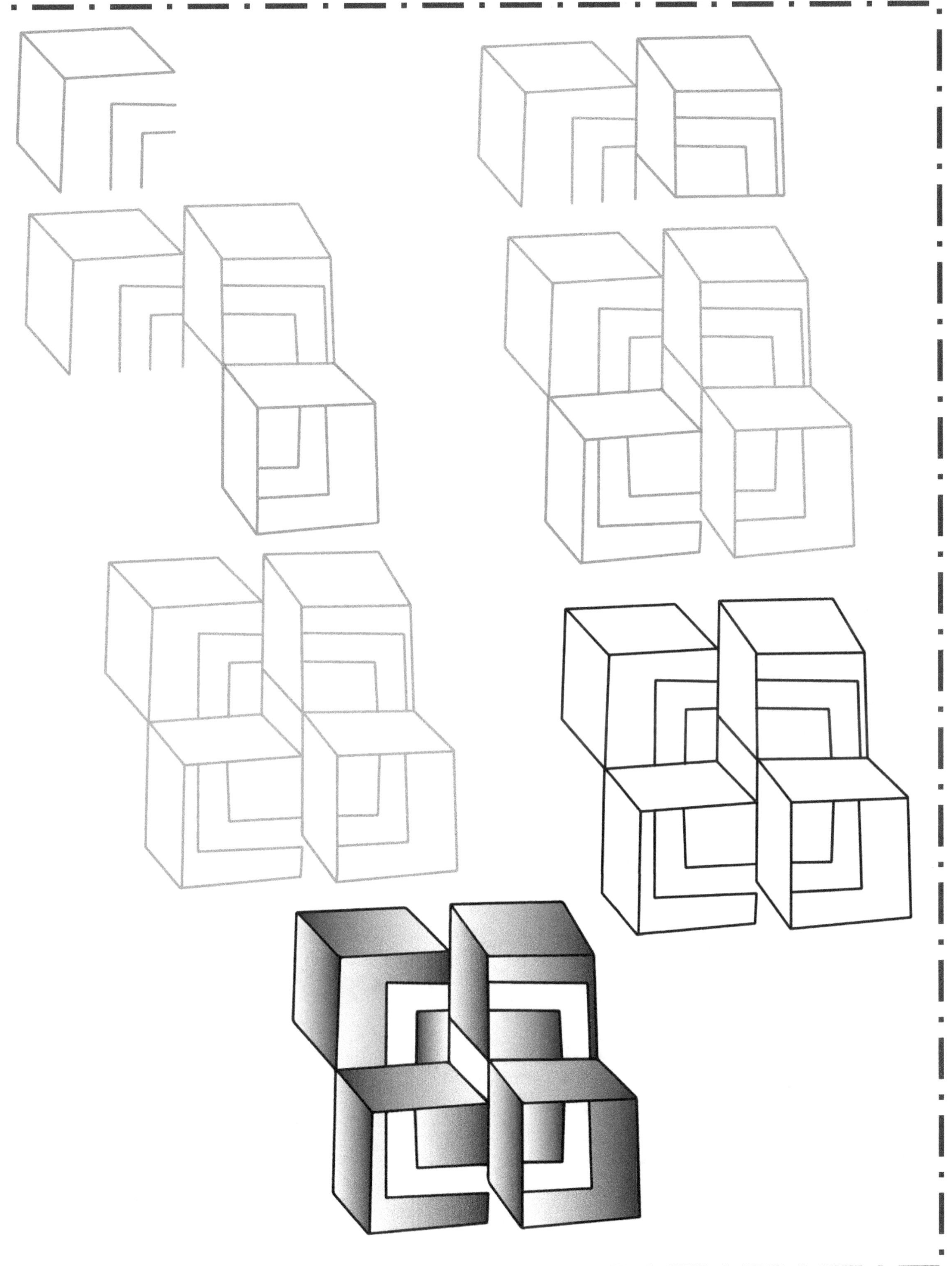

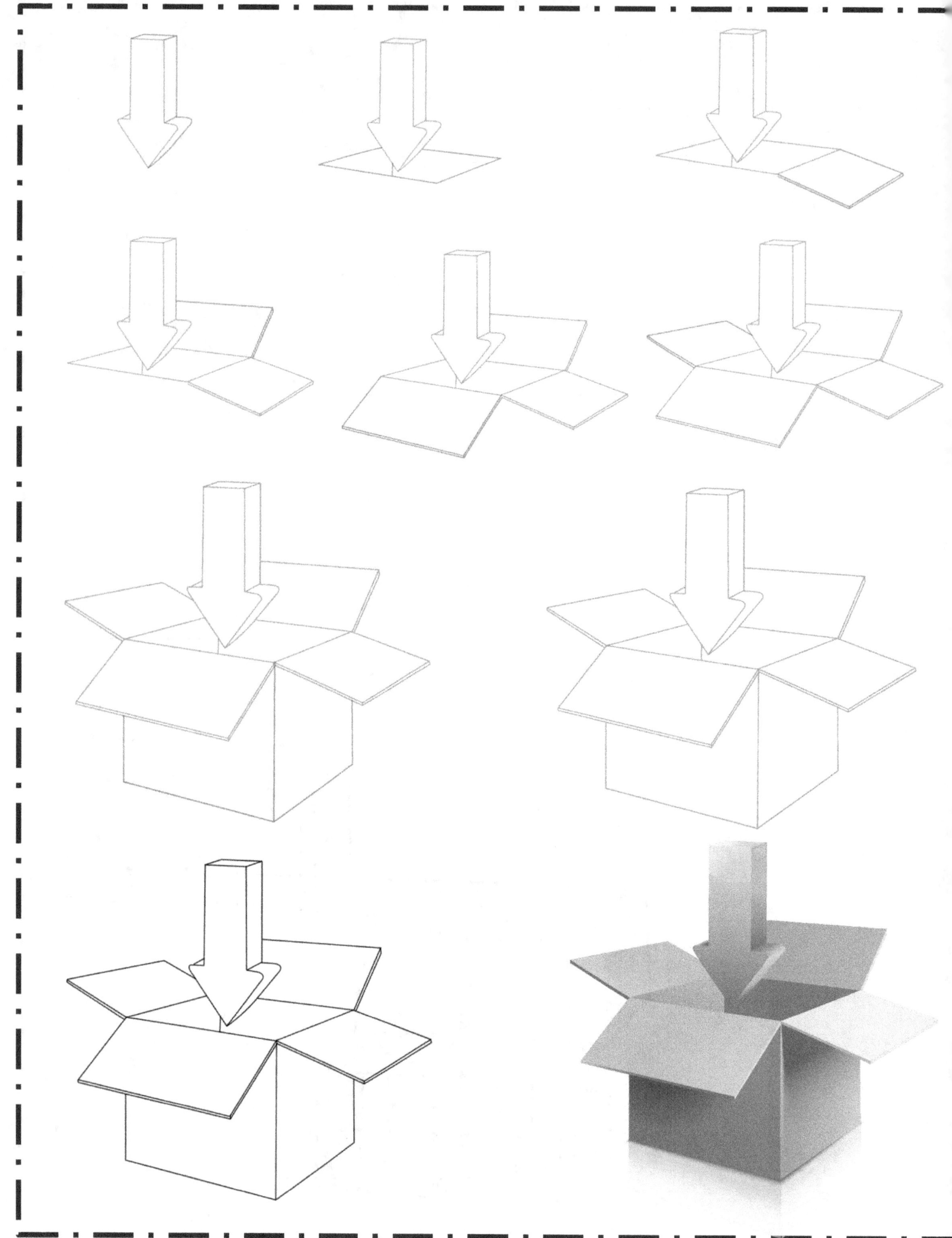

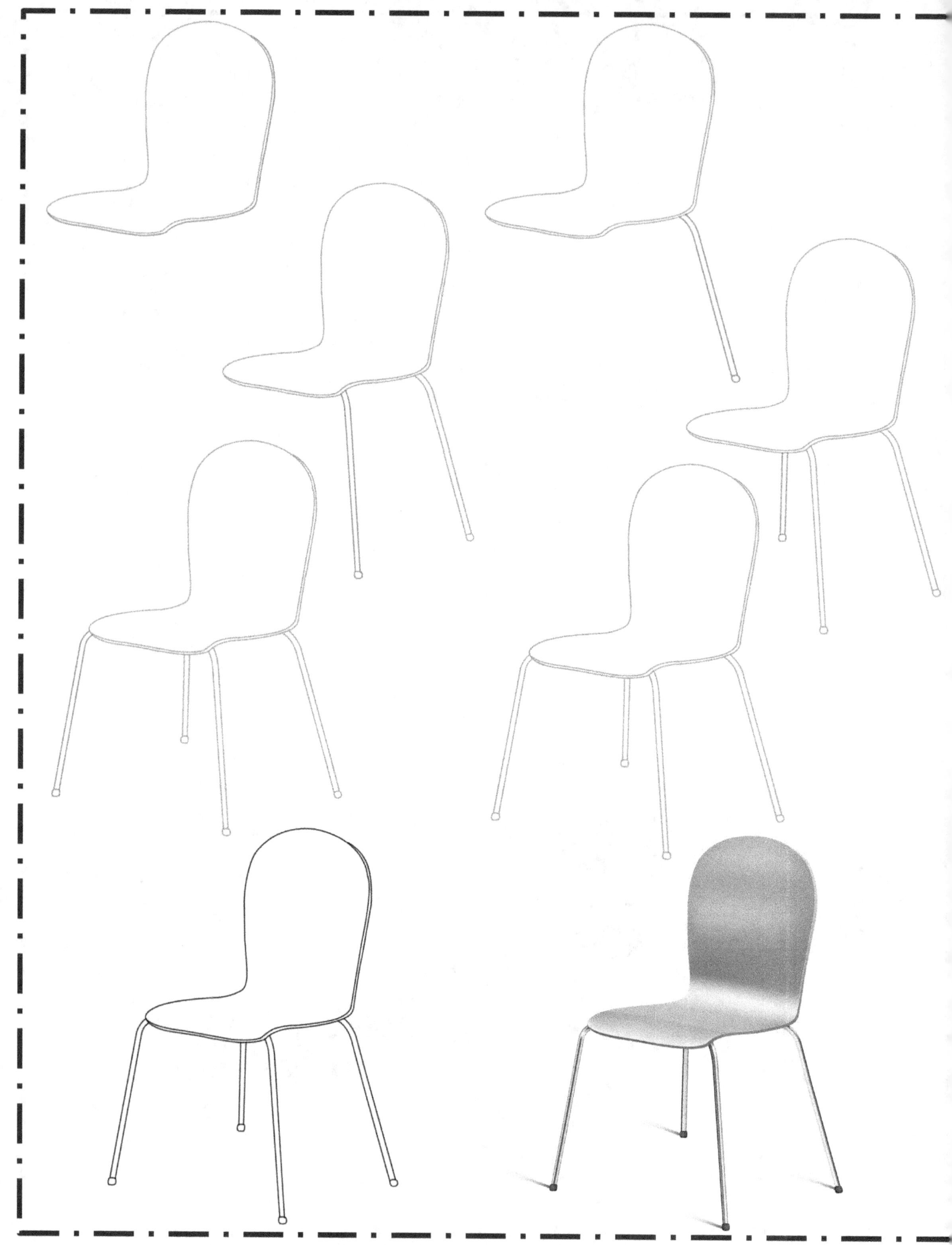

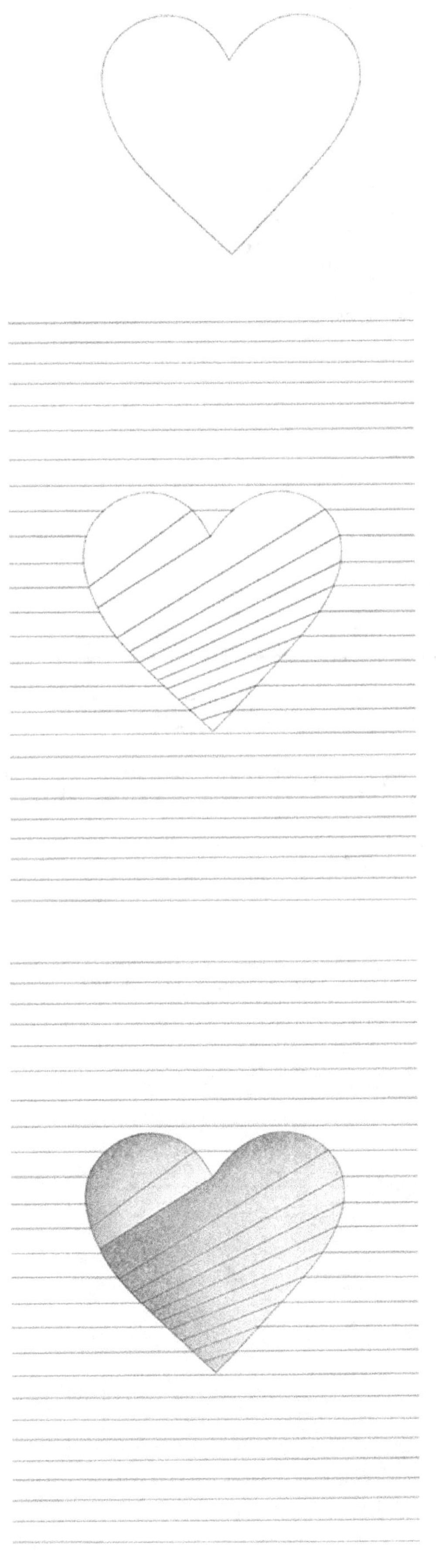
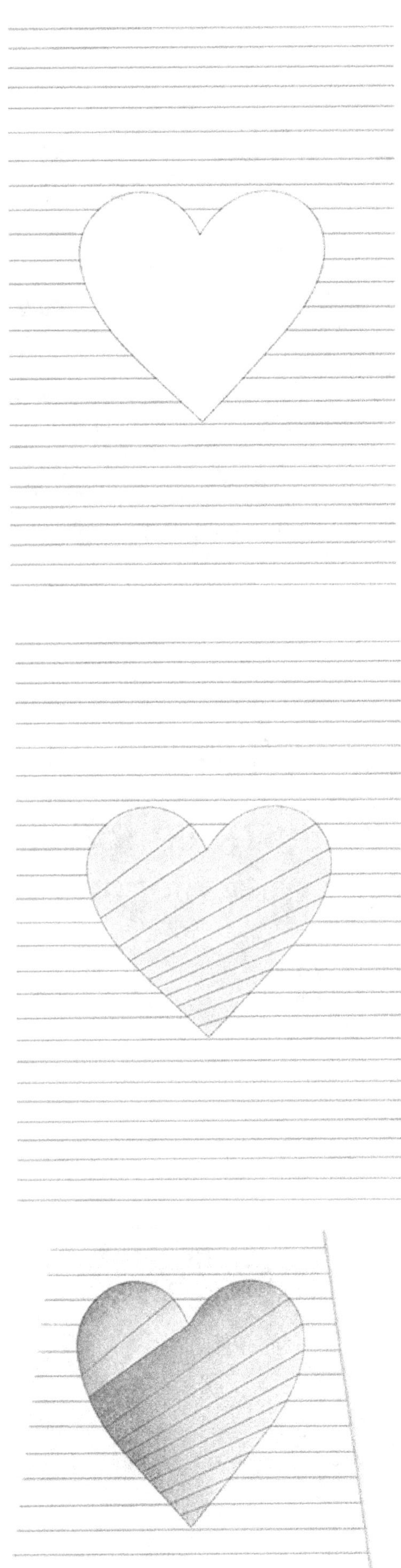

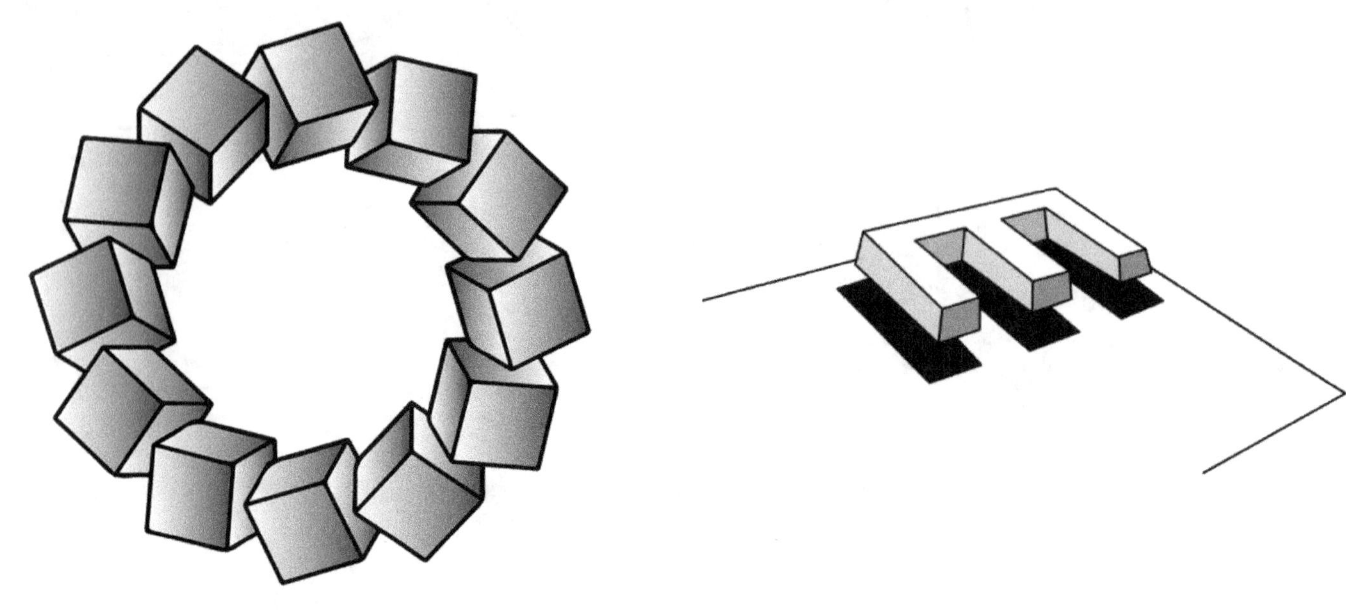

GRAZIE PER AVER SCELTO QUESTO LIBRO. CI AUGURIAMO CHE TI SIA PIACIUTA OGNI PAGINA DI QUESTO LIBRO E CHE TU ABBIA IMPARATO A DISEGNARE PASSO DOPO PASSO E A CREARE LA TUA ARTE.

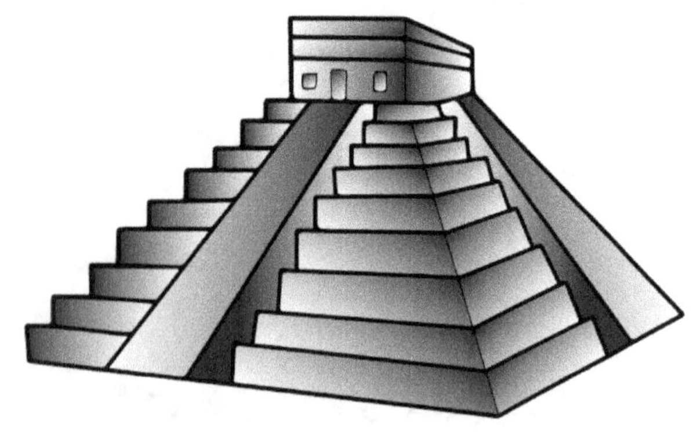

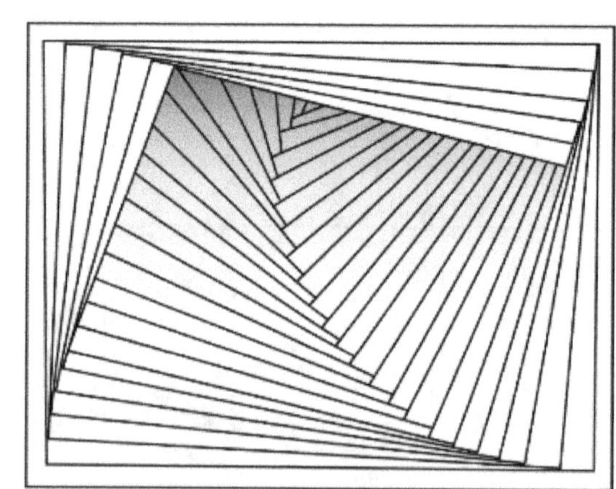

www.ingramcontent.com/pod-product-compliance
Lightning Source LLC
Chambersburg PA
CBHW080220260726
48658CB00008B/2943